THERESIA BASCHEK

Die Weiße Magie der Waage

Verlag Peter Erd · München

Die in diesem Buch aufgeführten Ratschläge wurden von Autor und Verlag sorgfältig geprüft. Eine Garantie bzw. Haftung kann jedoch nicht übernommen werden. Lassen Sie Kerzen nie ohne Aufsicht brennen.

1. Auflage 1999
Umschlaggestaltung: Mirko Baschek
Lektorat, Satz, Gestaltung: Sonya Mayer
Geburtsdaten: Freiburger Forschungszentrum des Deutschen Astrologen-Verbandes (DAV), Dr. P. Niehenke, Eigenarchiv Theresia Baschek

ISBN 3-8138-0517-4

Inhalt

Vorwort

Seit Jahrtausenden ist die Astrologie ein fester Bestandteil unseres täglichen Lebens. Früher waren Astronomie, Astrologie, Magie und auch die Heilkunde sehr eng miteinander verbunden und teilweise sogar mit unserem religiösen Glauben vereint. Gelehrte, die meist Priester oder Heilkundige waren, hüteten diese Wissenschaften und gaben ihre umfangreichen Kenntnisse, die sie auch als Geheimwissen bezeichneten, nur im engsten Kreis ihrer besten Schüler weiter. Das galt über viele Jahrtausende hinweg rund um unseren Globus für die verschiedensten Kulturen bzw. Völker und deren Menschen – egal welcher Hautfarbe oder Religion. Über diese frühen Beobachtungen und Forschungen sowie über magische und spirituelle Aktivitäten und Rituale wissen wir aus diversen Überlieferungen. Einen Zweig dieses Gesamtwissens, den matriarchalischen, magischen Glauben mit seiner naturverbundenen Religion und deren Verehrung einer »Weisen Mutter Natur«, der »Weißen Göttin«, wollte man im Mittelalter vernichten. Das Patriarchat, vertreten durch die Inquisition, versuchte mit den grausamsten Mitteln, den Menschen seine Vorstellung des »Wahren Heils« einzuimpfen.
Dieses Buch soll die Verbindung zwischen Astrologie und Magie aufzeigen und dazu beitragen, daß das seit vielen Jahrtausenden gehütete und nur im geheimen weitergegebene Wissen der sogenannten

»Weisen Frauen« wieder einer breiten Öffentlichkeit zugänglich wird. Ich weiß, daß dieses Wissen unser Leben bereichern kann, und wenn wir entsprechend handeln und denken, werden wir uns auch wieder naturverbundener fühlen und friedfertiger mit unseren Mitmenschen und der gesamten Natur umgehen.
In diesem Sinne wünsche ich Ihnen, liebe Leserin, und Ihnen, lieber Leser, daß sich Ihre Wünsche erfüllen.

Blessed Be!
Ihre Hexe Theresia

Teil I
Kurzbeschreibung der Waage

Waage
(24. September bis 23. Oktober)

Wenn Sie dieses Buch in Händen halten, dann möchten Sie etwas über die Waage erfahren. Vielleicht sind Sie selbst im Zeichen Waage geboren und möchten dieses Buch als Anregung zur Selbsterkenntnis nutzen, oder Sie haben mit einer Waage zu tun, z. B. als Lebenspartner, Freund, Chef oder Kollege und wollen den Charakter und auch die Magie dieses Menschen besser verstehen.

Mit den Informationen, die Sie in diesem Buch erhalten, können Sie, wenn Sie selbst Waage sind, Ihre Stärken und Schwächen besser erkennen und einschätzen. Wenn Sie dann dieses Wissen, diese Selbsterkenntnis richtig einsetzen, wird Sie auf Ihrem Erfolgsweg nichts ernsthaft behindern. Auch der praktische Teil des Buches, z. B. die beschriebenen Meditationen, ist auf Sie persönlich bzw. auf Ihr Element Luft ausgerichtet. Sie erfahren hier, in einer »Anleitung zum Praktizieren«, wie Sie Ihre Stärken nutzen, Ihre Schwächen im Griff halten, um dadurch ausgeglichener und ruhiger Ihre Ziele verfolgen und zu Ende führen zu können und somit den gebührenden Erfolg und Anerkennung zu erreichen. Das alles gilt natürlich auch dann, wenn Sie nicht im Zeichen Waage geboren sind, aber dann aus einer anderen Sichtweise. Wenn Sie mit einer Waage zu tun haben, können Sie ihre Art besser verstehen, sie an ihre Stärken erinnern und ermuntern sowie sie bei der Meisterung ihrer Schwächen unterstützen. So können Sie mithelfen, daß der Waage-Geborene Spitzenleistungen vollbringt. Diplomatie, Beobachtungsgabe, Wortgewandtheit, Harmoniestreben und Sensibilität zeichnen sie aus. Einige Stichpunkte geben uns einen ersten Eindruck von den Menschen, deren Sonne in diesem Sternzeichen steht.

Lateinischer Name	Libra
Herrschender Planet	Venus
Zugeordnete Farben	blau, grün, Mischtöne daraus, wie blaugrün, türkis, usw., weiß
Deutung der Farben	Loyalität, Wachstum, Treue, dem Geistigen verbunden, Hoffnung, Beständigkeit, Erfahrung
Element	Luft
Deutung nach Element	verstehen, Verbindung, Zuwendung, Vermittlung, intellektuell
Negative Eigenschaften bei zu viel Luft	Überschwenglichkeit, Hysterie, weltfremde Ideale
Edelsteine	grüner Turmalin, Diamant, Aquamarin, Magnesit, Jade, Obsidian
Kräuter und Düfte	Ysop, Majoran, Estragon, Lavendel
Gefährdete Organe oder Körperteile	Nieren, Blase, Harnwege, Unterleibsorgane

Geburtstage bekannter Waagen

24.9.1930	Ingrid Bacher, dt Schriftstellerin
24.9.1952	Joseph Kennedy, amerik. Politiker, Sohn von Robert und Ethel Kennedy, Senator seit 1986
24.9.1906	Marius David, franz. Schauspieler
25.9.1897	William Faulkner, amerik. Schriftsteller, Nobelpreis für Literatur, Pulitzer-Preis-Träger
25.9.1942	Volker Rühe, dt. Politiker
26.9.1948	Olivia Newton-John, engl. Popsängerin
26.9.1897	Papst Paul VI.
27.9.1875	Cleo de Merode, amerik. Tänzerin
27.9.1931	Freddy Quinn, dt. Schlagersänger
27.9.1882	Elly Ney, bedeutende dt. Interpretin von Beethovens Klaviermusik
27.9.1935	Nikolaj Bojartschikow, sowjet. Choreograph
28.9.1924	Marcello Mastroianni, Schauspieler
28.9.1934	Brigitte Bardot, franz. Schauspielerin
28.9.1905	Max Schmeling, dt. Boxchampion
29.9.1928	Gerhard Stoltenberg, dt. Politiker
29.9.1935	Jerry Lee Lewis, amerik. Rockmusiker
30.9.1934	Freddy King, amerik. Bluesmusiker
30.9.1934	Udo Jürgens, österr.-dt. Sänger
1.10.1944	Scott McKenzie, amerik. Popsänger
2.10.1928	Eberhard von Kuenheim, Automobil-Manager
2.10.1869	Mahatma Gandhi, ind. Volksführer, Prinzip des gewaltlosen Widerstandes

2.10.1839	Hans Thoma, dt. Maler
2. 10.1847	Paul von Hindenburg, dt. Oberbefehlshaber im 1. Weltkrieg
3.10.1889	Carl von Ossietzky, dt. Journalist, erhieltals KZ-Häftling den Friedensnobelpreis (1936)
3.10.1936	Steve Reich, amerik. Jazzschlagzeuger
4.10.1937	Franz Vranitzky, österr. Politiker
4.10.1892	Engelbert Dollfuß, österr. Politiker, von Nationalsozialisten erschossen
4.10.1892	Luis Trenker, österr. Bergsteiger und Schauspieler
5.10.1859	Eleonora Duse, ital. Schauspielerin
5.10.1899	Georges Bidault, franz. Politiker
6.10.1933	Horst Bingel, dt. Schriftsteller
6.10.1887	»Le Corbusier«, franz. Künstler und Architekt
7.10.1920	Georg Leber, dt. Politiker
7.10.1929	Hans-Peter Dürr, dt. Kernphysiker
8.10.1949	Sigourney Weaver, amerik. Schauspielerin
8.10.1888	Ernst Kretschmer, dt. Psychologe
9.10.1893	Heinrich George, dt. Schauspieler
9.10.1924	Carla Accardi, ital. Malerin
10.10.1918	Ygal Allon, israel. Politiker
10.10.1861	Fridtjof Nansen, norweg. Wissenschaftler
11.10.1905	Hans Söhnker, dt. Schauspieler
11.10.1929	Liselotte Pulver, schweiz. Schauspielerin
12.10.1907	Wolfgang Fortner, dt. Musikpädagoge
13.10.1937	Rudolf Seiters, dt. Politiker
14.10.1928	Roger Moore, brit. Schauspieler
14.10.1894	Heinrich Lübke, dt. Politiker

14.10.1890	Dwight D.Eisenhower, US-Präsident von 1953 bis 1961
15.10.1844	Friedrich Nietzsche, dt. Philosoph
15.10.1938	Farah Diba, Kaiserin von Persien
16.10.1886	David Ben Gurion, geb. in Polen, Gründer des Staates Israel, Präsident bis Juni 1963
16.10.1854	Oscar Wilde, engl. Schriftsteller
16.10.1752	Adolf Freiherr von Knigge, dt. Schriftsteller
16.10.1932	Karsten Rohwedder, dt. Jurist
17.10.1941	Jürgen Weber, dt. Luftfahrtstechniker
17.10.1919	Rita Hayworth, amerik. Schauspielerin
18.10.1777	Heinrich von Kleist, dt. Schriftsteller
18.10.1949	Joseph Egan, engl. Popmusiker
19.10.1916	Jean Dausset, franz. Mediziner und Immunologe, Medizin-Nobelpreis 1980
20.10.1897	Curt Emmerich, (Peter Bamm), Schriftsteller
21.10.1926	Leo Kirch, dt. Filmgroßhändler
22.10.1943	Wolfgang Thierse, dt. Politiker
23.10.1940	Manfred Mann, engl. Popmusiker

Die Waage – Sympathie im Zeichen der Venus

Unter diesem Sternzeichen ist das »kleine Glück« zu Hause, so benannte man früher auch den Planeten Venus. Diesem glückbringenden Planet war bei den alten Griechen Aphrodite und bei den Römern Venus zugeordnet. Das Glück bezog sich auf Harmonie, Versöhnung und natürlich ganz besonders auf die Liebe. So verwundert es kaum, daß die Menschen, die in diesem Sternzeichen geboren sind, normalerweise immer diese Harmonie anstreben bzw. bereit sind, sich dem anderen hinzugeben. Diese Hingabe darf aber nicht falsch verstanden werden. Keinesfalls ist damit gemeint, daß sich die Waage im sexuellen Bereich schnell hingibt, also »leicht zu haben« ist. Es stimmt zwar schon, daß die Waage-Geborenen schnell Kontakte knüpfen und etwas lockerer sind, aber mit »schnellem Sex« hat das gar nichts zu tun. Die Waagen sind geborene Diplomaten, die zusammenbringen, verbinden wollen und so letztlich Glück und Frieden bringen, auch in der Liebe.

Einen Waage-Menschen zu erkennen, bedarf keiner großen Anstrengung. Die geistige Haltung und die gesamte Wesensart spiegeln etwas Umgängliches und Sympathisches wider. Ihre Friedensliebe und ihr tiefes Verlangen nach Harmonie, gebündelt mit Vorsicht und Klugheit, lassen sie meist einen Kompromiß finden, der ihnen lieber ist, als in harten Auseinandersetzungen auf einer festen Position zu bestehen. Auch körperliche Anstrengung liegt ihnen meist nicht – diese wird zugunsten intellektueller oder künstlerischer Betätigung vermieden. Da die Venus die Herrscherin des Zeichens Waage ist, versteht man auch, daß die Liebe zum Schönen, zur Harmonie und zu den Künsten den Waage-Typ auszeichnen. Ästhetik und guter Geschmack sind ihr ebenso zugeordnet wie eine gute Beobachtungs- und Redegabe.

Hier taucht allerdings auch die Kehrseite der Medaille auf. Denn wenn der Waage-Geborene zu »soft« ist und schnell den leichtesten Weg geht, könnten seine positiven Eigenschaften in negative Extreme umschlagen, die weder für ihn noch für seine Umgebung, Familie, Freunde oder das Berufsleben gut wären. Eine solche »Extrem-Waage« wäre ein Mensch, der alles sehr sorglos, oberflächlich macht und der Lethargie, dem »Sich-Treiben-Lassen« und einer gewissen Leichtsinnigkeit verfällt. Ein Hang zur Eitelkeit, Bequemlichkeit und das Verlangen nach Lob und Schmeichelei sind dann sehr deutlich sichtbar. Diese Waage meidet eigene Standpunkte und redet den Leuten »nach dem Schnabel«. Von manchen Mitmenschen wird sie als »Lebenskünstler« bezeichnet, andere sagen ihr jedoch mangelnden Charakter nach.

Wenn der Wagge-Geborene es schafft, an sich zu arbeiten und sich seiner Stärken und Schwächen bewußt zu werden, dann erringt er fast wie von selbst den Siegerkranz. Die Waagen vermeiden

Ecken und Kanten und verstehen es meisterhaft, bei Streitigkeiten die Gegensätze auszubügeln. Aus diesem Grunde werden sie besonders auf dem gesellschaftlichen Parkett, z. B. als Diplomaten, geschätzt. Aber auch in vielen anderen Situationen vermag die Waage geschickt Freundschaften und Beziehungen anzuknüpfen.

Der Waage-Typ bedarf der Liebe und Harmonie. Alleinsein ist ihm ein Greuel. Deshalb sind Freundschaften und nicht zuletzt auch die Eheverhältnisse außerordentlich wichtig. Die Waage ist *das »Partnerzeichen«* schlechthin, auch im Beruf, hinsichtlich Teilhaberschaft und der Mitarbeit an gemeinsamen »Werken«. Trotz der schnellen Ansprechbarkeit und der raschen Kontaktbereitschaft sind die Gefühle der Waage sehr tiefgehend.

Bevorzugte Berufsgruppen der Waage: Anwalt, Richter, Musiker, Schauspieler, Schriftsteller, Zeichner, Tänzer, Illustrator, Graphiker, Modedesigner, Maskenbildner, natürlich alle Berufe im Bereich der Diplomatie

Das Trigon der Luft

Zu diesem Dreieck zählen die Sternzeichen Waage, Zwillinge und Wassermann. Diese Tierkreiszeichen gehören zum Element Luft und sind somit normalerweise sehr kontaktfreudig, geistig beweglich und wandelbar. Menschen, die in diesen Zeichen geboren sind, drängt es zu Harmonie und Ausgleich, sie sind aber auch rastlos. Ein wichtiger Punkt ist der geistige Austausch und die stete Suche nach neuen Eindrücken. Mit Rücksicht darauf sollte man als Waage einen Beruf wählen, der ständig neue Erfahrungen und Eindrücke bringt. Für eine Partnerschaft ist es wichtig zu wissen, daß die Luftzeichen zwar auf Harmonie bedacht sind, sich aber bei fehlenden neuen Anregungen von ihrem Partner abwenden.

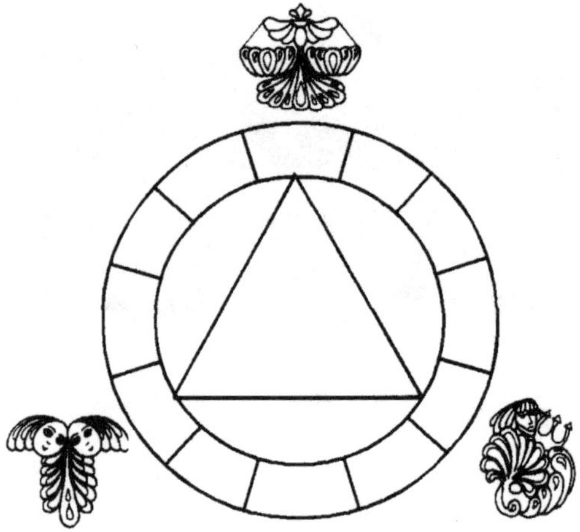

Die Aszendenten der Waage

Der Aszendent ist quasi unser zweites Sternzeichen. Man bezeichnet damit jenes Tierkreiszeichen, das zum Zeitpunkt der Geburt am östlichen Horizont aufgeht. Dieser Aszendent bestimmt auch unseren Charakter, in der Regel aber nur zu etwa einem Viertel. Wie alles im Universum, so hat auch der Aszendent zwei Seiten, und wie so oft liegt es an uns, wie wir diese Seiten deuten. Der eine empfindet sie als positiv, während der andere sie für negativ hält.

Aber was sind eigentlich diese »positiven« oder »negativen« Seiten, die den Aszendenten für uns so wichtig erscheinen lassen? Nun, es sind die verstärkenden oder abschwächenden Eigenschaften, die unseren Charakter auf die eine oder andere Weise mitprägen. Waage-Geborene z. B., die als Luftzeichen sowieso schon sehr kontaktfreudig sind, können durch den zusätzlichen Waage-Aszendent sehr sprunghaft und oberflächlichwerden. Auf der anderen Seite könnte der Waage-Aszendent auch dazu führen, daß die Waage zu einem »Politik- und Diplomatie-Genie« wird.
Natürlich gibt es keine festen Grenzen, an denen die positiven Eigenschaften aufhören und die negativen anfangen. Vielmehr ist alles fließend, und die unendliche Vielzahl der möglichen Stellungen der Planeten in unserem Geburtshoroskop zeigen für jeden Menschen ganz individuell die persönlichen

Stärken und Schwächen. Die nachstehenden Beschreibungen sollen Ihnen einen ersten Einblick über den Aszendenten geben. Auf Tabellen, Listen und Formeln, ihn zu berechnen, habe ich in diesem Buch bewußt verzichtet. Leserinnen und Leser, die ihren Aszendenten nicht kennen, möchten mir das bitte nachsehen. Wenn Sie sich aber intensiver mit Ihrem Aszendenten oder allgemein mit Astrologie beschäftigen wollen, empfehle ich Ihnen die entsprechende Literatur, z. B. von den Autoren Erich Bauer, Herbert Löhlein, Georg Haddenbach und Norbert Teupert, um nur einige zu nennen.

Widder

Der Aszendent Widder gibt dem Waage-Typ mehr Power. In beruflicher Hinsicht ist er kämpferischer, und im Liebesleben mehr ein Draufgänger, der sich schon mal nimmt, was er will.

Stier

Dieser Aszendent verleiht dem Waage-Menschen Bequemlichkeit und ein ausgeprägteres Selbstvertrauen. Er ist hilfsbereit und versprüht mit guter Laune stets ein angenehmes Klima um sich herum.

Zwillinge

Der Zwilling-Aszendent macht den Waage-Menschen leichtsinnig. Stets hat er große Ziele vor Augen, die er aber sofort abbricht, wenn er merkt, daß es schwieriger als erwartet wird und er als Verlierer enden könnte.

Krebs

Der Aszendent Krebs macht den Waage-Menschen sensibel, weicher und häuslicher. Er ist sehr fleißig, benötigt aber stets Anerkennung, wie gut er ist. In der Partnerschaft ist er treu und gewissenhaft, braucht aber ebenfalls stets Anerkennung.

Löwe

Dieser Mischtyp hat ein feines Gespür für alle positiven und angenehmen Seiten im Leben. Voll Tatendrang klettert er seine Berufsleiter ganz nach oben. In Sachen Liebe ist er ein Genießer mit viel, viel Leidenschaft.

Jungfrau

Ein guter Hauswirtschafter und Rechner ist dieser Mischtyp – nicht nur in den eigenen vier Wänden sondern auch im Beruf. In Liebesbeziehungen wägt er manchmal zu lange ab und verpaßt so manche gute Chance.

Waage

Der Aszendent Waage verstärkt nicht nur alle positiven Eigenschaften, sondern auch die sogenannten negativen. Somit muß man in diesem Fall darauf achten, daß kein Extrem die Oberhand gewinnt. Künstlerische Aktivitäten, wie z. B. Malerei oder plastisches Gestalten, könnten ein Ruhepunkt für hin und her gerissene Gefühle sein. In der Liebe ist er feinfühlig und sehr sensibel.

Skorpion

Dieser Aszendent macht den harmoniebedürftigen Waage-Typ kämpferischer. Er läßt sich so schnell nichts gefallen und gibt sofort Kontra. In der Liebe ist er meist der dominierende Partner.

Schütze

Hier wird der Freiheitsdrang der Waage verstärkt. Als Mann ist er durch und durch ein Charmeur, der das weibliche Geschlecht liebt. Als Frau versprüht sie Lebenslust und Energie und ist auch heißen Affären nicht abgeneigt. Dieser Mischtyp ist ein gerngesehener Partygast, weil er für Stimmung sorgt.

Steinbock

Der Aszendent Steinbock läßt den Waage-Typ vieles realistischer sehen. Sein Bestreben ist es, Karriere zu machen und es sich im Alter gutgehen zu lassen. In der Partnerschaft ist er treu und zuverlässig.

Wassermann

Sehr sprunghaft und freiheitsliebend ist dieser Sternenmischling. Er läßt sich nicht einengen und will seine Erfahrungen selbst machen. Vorsicht ist angesagt, daß Unrast und stetige Suche nicht den Hang zur Auflehnung oder zum Okkultismus fördern.

Fische

Hierdurch wird die Waage weich und verträumt, romantisch und sensibel. Sie ist schnell verletzt und benötigt deshalb einen feinfühligen Partner.

Teil II
Der Mann im Zeichen Waage

Der Waage-Mann

Der Waage-Herr hat es wirklich nicht einfach – es gibt eben zu viele schöne Frauen, und er liebt nun mal alles Schöne. Sein Charme und sein Auftreten sind einfach umwerfend, und die Damen fühlen sich von seinem Lächeln geschmeichelt. Der Waage-Herr kann sich schnell und heftig verlieben, leider ist diese Liebe meist nicht von langer Dauer. Wenn neue Anregungen ausbleiben, geht die Liebe schnell vorbei, und er verliebt sich in die nächste Schöne, um neue Eindrücke zu gewinnen. Das soll aber nicht heißen, daß der Waage-Herr sich nie entscheidet oder nie treu bleibt. Er sucht eben etwas länger nach der richtigen Frau. Sobald er seine Traumfrau gefunden hat, wird er sie nach allen Regeln der Kunst verwöhnen und ihr auch treu sein. In des Waage-Herrn Bett schleicht sich bestimmt nie Langeweile ein – schon gar nicht mit seiner Traumfrau. Aber sie muß es verstehen, ihn immer wieder mit neuen sinnlichen Eindrücken zu überraschen. Wenn seine Liebste aber ihre Freuden in fremden Betten sucht, ist es schnell vorbei mit Harmonie und Liebe. Verzeihen gibt es bei ihm nicht, dazu ist er zu tief gekränkt. Trennungen werden meist sauber geregelt, nichts ist dem Waage-Herrn so verhaßt wie Streitigkeiten und Falschheiten. Er möchte sich auch nach einer Trennung noch friedlich mit der Partnerin unterhalten können. Es wird jedoch nicht zu lange dauern, bis ihm eine Schöne über den Weg läuft und er ihr heiß und innig seine

Liebe schwört. Der Waage-Herr ist nie lange allein, denn das Single-Dasein ist ihm viel zu langweilig. Im Beruf geht er es eher locker an. Sein Leitspruch lautet: »Man soll arbeiten um zu leben, und nicht leben um zu arbeiten«. Gewissenhaftigkeit und Fleiß zeichnen ihn aus. Er wird immer dafür sorgen, daß es seiner Familie an nichts mangelt. Der Waage-Herr ist kein typischer Familienvater, sondern eher ein Kumpel, dem man alles anvertrauen kann. Er respektiert seine Kinder und sie wiederum respektieren ihn. Er ist ein typischer Naturmensch, den man an freien Tagen mit seiner Familie durch die Wälder ziehen sieht. Kein Spaß ist ihm zu albern, er genießt es vielmehr, mit seinen Kindern »Cowboy und Indianer« zu spielen – er ist eben durch und durch ein lebenslustiger Abenteurer.

Der Waage-Mann und seine Partnerinnen

Widder-Frau

Die Widder-Dame hat Feuer, das kann dem romantischen Waage-Herrn zu viel werden, und er könnte sich im Liebesleben überfordert fühlen.

Stier-Frau

Die Stier-Dame und der Waage-Herr verstehen sich auf Anhieb. Viel Lachen und toller Sex, alles ist am ersten Abend schon möglich. Die beiden passen einfach super zusammen und es wird sicher nie langweilig.

Zwilling-Frau

Beide lieben das Abenteuer. Zusammen genießen sie alles, was Freude macht. Diese Verbindung könnte bis ins hohe Alter harmonisch und doch mit etwas von der »Würze des Zanks« halten.

Krebs-Frau

Die Krebs-Dame liebt ihren Waage-Herrn mit viel, viel Gefühl. Sie ist sinnlich und verführt ihn auf die höchsten Gipfel der Lust. Im Beruf sind sie ein ausgesprochen gutes Team.

Löwe-Frau

Die beiden sind ein ideales Paar, solange der Waage-Herr nicht versucht, seine Löwe-Dame zu verändern. Es wird ihm schnell klar werden, daß diese selbstbewußte Dame sich nie ändern läßt – wenn schon, dann verändert sie ihn.

Jungfrau-Frau

Die Jungfrau-Dame bringt dem oft leichtsinnigen Waage-Herrn das Sparen bei. Der harmoniebedürftige Waage-Herr wird alles versuchen, seine Liebste in Sachen Leidenschaft aus der Reserve zu locken.

Waage-Frau

Seine Sternenschwester ist ihm sehr ähnlich. Für beide ist Harmonie das Wichtigste. Gegenseitiges Verständnis macht diese Verbindung perfekt. Doch Vorsicht, daß sich keine Langeweile einschleicht.

Skorpion-Frau

Die Kunst des Flirtens schätzt die Skorpion-Dame nur, wenn er mit ihr flirtet. Sie ist nämlich sehr eifersüchtig und nachtragend, wenn ihr Waage-Herr nach anderen Schönheiten schaut.

Schütze-Frau

Die Schütze-Dame ist sehr freiheitsliebend – sie möchte ihr Single-Dasein gar nicht gern aufgeben. Wenn sie aber zueinander finden, wird sich nie Langeweile einschleichen, denn beide haben ein außerordentlich lustiges Temperament.

Steinbock-Frau

Diese Verbindung ist zum Lernen da. Er lernt von ihr das Haushalten und Sparen, und sie lernt von ihm, wie schön Sex sein kann. Locker lernt sie, sich zu öffnen und genießt das Feuer der Liebe.

Wassermann-Frau

Sie ist seine Traumfrau. Bei ihr darf er an fremden Blüten naschen – Hauptsache, er »ißt zu Hause«. Sie hat Verständnis für seinen Freiheitsdrang und nimmt ihn mit Humor. Der Waage-Herr verwöhnt seine Liebste dafür mit viel, viel Zärtlichkeit und Liebe.

Fische-Frau

Mit der verträumten Fische-Dame genießt er die traute Zweisamkeit. Er hört sich ihre Ängste an und gibt ihr wieder neuen Schwung, wenn sie sich in ihr Innenleben zurückziehen möchte. In puncto Leidenschaft verstehen die beiden sich prächtig.

Teil III
Die Frau im Zeichen Waage

Die Waage-Frau

Die Waage-Dame ist eine faszinierende Erscheinung. Ihre Bewegungen gleichen denen eines Panthers, sie trampelt nicht durch den Raum, sie durchschreitet ihn mit hocherhobenen Kopf. Sie hat Charme und verfügt über eine gehörige Portion Witz. An Verehrern mangelt es der schönen Venustochter sicher nicht. Die Waage-Dame hat die besondere Gabe, sich auf ihre innere Stimme zu verlassen. Auch ihre Kontaktfreudigkeit trägt einiges dazu bei, daß sie auf ihre große Liebe nicht allzu lange warten muß. Sie will es aber ganz genau wissen und probiert lange aus, bis sie sich für immer bindet. Sie flirtet für ihr Leben gern und hat deshalb viele Neiderinnen um sich herum. Wenn sich die charmante Venustochter für die Ehe entscheidet, ist sie treu ohne Wenn und Aber. Sie geht mit ihrem Liebsten durch dick und dünn, keine Hürde ist ihr zu hoch. Die zärtliche Waage-Dame liebt es romantisch und weiß genau, was ein Mann begehrt. Ihr Liebster wird in Sachen Leidenschaft sicher nicht zu kurz kommen. Nur einseitig darf es nicht werden, nichts ist der schönen Waage-Dame so verhaßt wie Langeweile, vor allem im sexuellem Bereich. Hier ist es Aufgabe des Partners, für Abwechslung und neue Eindrücke zu sorgen, damit die Partnerschaft ein Leben lang hält. Wenn sie sich für Kinder entscheidet, ist sie eine wunderbare Mutter. Mit viel Liebe und Geduld kümmert sie sich um die kleinen und großen Wehwehchen ihrer

Liebsten. Die Waage-Dame ist sehr eifersüchtig und teilt ihren Liebsten mit niemandem. Wenn sie bemerkt, daß ihr Auserwählter in fremden Gärten nascht, setzt sie ihn kurzerhand vor die Tür. Da die Waage-Dame kein Kind von Traurigkeit ist, tröstet sie sich schnell mit einem anderen Adonis. Diese Venustochter läuft auf dem Sonnenstrahl des Lebens und es scheint ihr alles, was sie begehrt, in den Schoß zu fallen. Ganz so ist es jedoch nicht, die anmutige Waage-Dame erreicht ihre Ziele mit viel Geschick und Fleiß, wobei Ausdauer im Sinn von »auf der eigenen Meinung beharren« nicht unbedingt ihre Stärke ist. Vielmehr sucht sie den Kompromiß – das ist ihr Talent. Sie ist harmoniebedürftig und will nichts von Problemen anderer Leute hören, denn Probleme werfen ihr gesamtes Seelenleben durcheinander. Die Waage-Dame neigt zu Übertreibungen und plaudert stundenlang in den schillerndsten Farben über ihre Erlebnisse. Wo diese Dame gesellschaftlich auftritt, ist sie wegen ihres diplomatischen Geschicks und ihrer zahlreichen Kontakte hochgeschätzt. Auch im Beruf benötigt die Waage-Dame Abwechslung und ein harmonisches Arbeitsklima. Die Venustochter ist vielseitig interessiert, so daß sie sich in vielen Bereichen hervorragend zurechtfindet. Ihr freundliches Wesen kommt auch in der Chefetage gut an, und über kurz oder lang steigt sie die Erfolgsleiter nach oben. Die Waage-Dame behält ihren Charme und ihr reges Interesse für alles Neue bis ins hohe Alter.

Die Waage-Frau und ihre Partner

Widder-Mann

In dieser Verbindung steht die Sexualität an erster Stelle. Es wird nie langweilig, und in Sachen Erotik macht den beiden so schnell keiner was vor. Allerdings könnten Probleme auftauchen, wenn er seine Angriffslust an der harmoniebedürftigen Waage-Dame ausläßt.

Stier-Mann

Diese Konstellation ist voller Harmonie und Zärtlichkeit. Der Stier-Mann und die Waage-Dame sind wie füreinander bestimmt. Es paßt auf der ganzen Linie. Mit Fleiß und Ausdauer erarbeiten sie auch Erfolge, die sie bis ins hohe Alter zusammen genießen können.

Zwillinge-Mann

Die beiden können flirten, was das Zeug hält. Langeweile gibt es in dieser Verbindung bestimmt nie. Toleranz wird hier großgeschrieben, jeder läßt den anderen seine Träume verwirklichen.

Krebs-Mann

Der Krebs-Herr geht sehr liebevoll auf seine Waage-Dame ein. Einfühlsam und zärtlich verführt er seine Liebste und entführt sie auf »Wolke Sieben«. In beruflicher Hinsicht sind sie ein perfektes Team.

Löwe-Mann

Der stolze Löwe-Herr liebt es, seine elegante Waage-Dame anderen zu präsentieren. Gemeinsam erreichen sie ihre Ziele und können sich so die kleineren und auch die größeren Wünsche erfüllen.

Jungfrau-Mann

Die etwas lockere Art der Waage-Dame macht dem Jungfrau-Herrn Angst. Sie ist alles andere als sparsam, deshalb hängt ständig der Haussegen schief.

Waage-Mann

Die beiden sind sich sehr ähnlich und gehen tolerant und locker miteinander um. In Sachen Zärtlichkeit bedarf es nicht vieler Worte. Allerdings müssen die beiden aufpassen, daß sie sich nicht mit zuviel Harmonie einlullen, sonst könnte es langweilig werden.

Skorpion-Mann

Der Skorpion-Herr ist sehr eifersüchtig und würde seine Herzensdame am liebsten in seinem Herzen verstecken, damit kein anderer ihre Schönheit sehen kann. An so viel Feuer wird sich die Waage-Dame erst gewöhnen müssen.

Schütze-Mann

Der Schütze-Herr flattert wie eine Biene von einer Blüte zur nächsten, und das stört die Waage-Dame trotz ihrer Lockerheit. In dieser Verbindung werden die Fetzen sicherlich öfter fliegen.

Steinbock-Mann

Viele romantische Stunden wird die Waage-Dame in dieser Verbindung leider nicht erleben. Leidenschaftlich ist der Steinbock-Herr auch nicht unbedingt, aber sehr fleißig und gewissenhaft.

Wassermann-Mann

Der Wassermann-Herr hat Witz und ist geistreich, das gefällt der Waage-Dame. In Sachen Leidenschaft wird sie ein wahres Feuerwerk erleben, denn der Wassermann-Herr ist ein ausdauernder und zärtlicher Liebhaber, der für Abwechslung sorgen kann.

Fische-Mann

Der Fische-Herr ist sehr verschlossen und sensibel. Mit seinen Gefühlsschwankungen – mal hoch, mal tief – kann die lebenslustige Waage-Dame nichts anfangen.

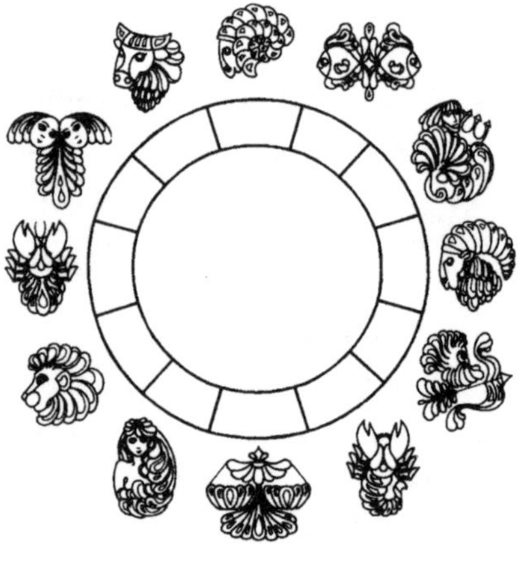

Teil IV
Die Meditationen der Waage

Luftzeichen-Meditation für die Waage

Diese Meditation können Sie gut morgens nach dem Aufwachen praktizieren, um sich positiv auf den beginnenden Tag einzustimmen.

Legen Sie sich auf eine bequeme Unterlage, und atmen Sie einige Male ein und wieder aus. Mit jedem Atemzug lassen Sie sich tiefer und tiefer fallen. Vollkommene Ruhe und Harmonie umgeben Sie. Ganz deutlich sehen Sie eine breite Treppe vor sich, und dann steigen Sie die Stufen hinunter. Immer tiefer und tiefer. Noch weiter hinunter. Sie sehen vor sich eine Tür und öffnen sie weit. Sie treten durch die Tür hindurch und befinden sich inmitten einer großen Wiese, einer Weide. Nicht weit von Ihnen grasen friedlich einige Schafe. Sie fühlen sich wohl – ein tiefes Glücksgefühl durchströmt Ihren Körper. Linkerhand sehen Sie einen Hügel, und Sie gehen auf ihn zu. Leicht und beschwingt steigen Sie den Hügel hinauf. Sie stehen ganz oben auf dem Gipfel und betrachten die Schönheit der weißen, wildwachsenden Blümchen, die den Hügel wie einen Teppich bedecken. Am sonnigen Himmel ziehen luftige Wölkchen, und ein angenehm warmer Wind umspielt Ihren Körper. Sie setzen sich in das Blumenmeer und fühlen, daß es weich wie Watte ist. Es ist, als säßen Sie auf einer Wolke – Sie können weit über das Land sehen und betrachten einige kleine Wolken am nahen Himmel. Nicht weit von Ihnen sehen Sie anmutige, schöne, feenhafte Wesen mit langen weißen Haaren. Sie tanzen zwischen den Wölkchen oder schweben singend über die Wiese und winken Ihnen lachend zu. Eines der Wesen kommt auf Sie zu, nimmt Ihre Hand und setzt sich zu Ihnen. Sie spüren immer noch den angenehm warmen Wind, und Sie fühlen, wie mit jeder kleinen Böe Ihre Sorgen davongetragen werden. Sie spüren ganz deutlich, wie der Wind Ihnen Kraft und Vitalität schenkt.

Das feenhafte Wesen erklärt Ihnen, daß es selbst und die anderen Wesenheiten Geistwesen der Luft sind, die Ihnen, da Sie ein Luftzeichen sind, sehr nahe stehen. Wie einem sehr lange bekannten, guten alten Freund könnten Sie ihnen somit alles sagen, was Sie bedrückt oder belastet. Sie können ihnen alles erzählen und auch Fragen stellen, wenn Sie etwas wissen möchten. Sie werden genau die Antwort erhalten, die zu diesem Zeitpunkt für Sie richtig ist und Ihnen den rechten Weg weist. Wenn Sie um Schutz bitten, werden Sie diesen sofort erhalten.

Wenn Sie möchten, können Sie nun einige Fragen stellen oder zu einem späteren Zeitpunkt wieder hierher zurückkommen, um dann nach Antworten, auf Probleme, die Sie bewegen, zu fragen. Die Lösungen und Antworten erhalten Sie entweder sofort oder im Laufe der nächsten Zeit. So kann es durchaus sein, daß Sie während der Meditation eine Frage stellen und keine Antwort erhalten. Aber z. B. in der folgenden Nacht könnten Sie nochmals von Ihrem Problem träumen und dann auch im Traum die Lösung sehen. So haben Sie dann von den Luftwesenheiten auf diesem Weg die Wegbeschreibung zu Ihrem Ziel bekommen. Wenn Sie das Gespräch mit Ihrer Luftwesenheit beendet haben, bedanken Sie sich und verweilen noch einige Minuten, bevor Sie sich verabschieden. Sehen Sie sich vielleicht noch etwas um, und gehen Sie dann den gleichen Weg wieder zurück – den Hügel hinunter und über die Weide bis zu dem Tor. Gehen Sie mit Freude hindurch und die Treppe wieder hinauf, denn Sie haben die Gewißheit, jederzeit zurückkehren zu können und Kontakt zu den Geistwesen der Luft zu erhalten. Bleiben Sie noch eine Weile ruhig liegen und lassen Sie die Meditation auf sich wirken. Atmen Sie dann dreimal kräftig ein und aus, und beginnen Sie den Tag voll Frieden und Harmonie.

Zu den Luftwesenheiten und ihren Antworten gibt es ergänzend noch zu sagen, daß Ihnen diese Wesenheiten niemals schaden und daß sie Sie auch niemals belügen. Sie sollten sich also die Lösungswege und Antworten, die Sie erhalten, ganz genau anschauen, da diese Ihnen ausschließlich nutzen. Steht eine solche Antwort im Widerspruch zu Ihrer eigenen Meinung oder Ihrem derzeitigen Weg, so sollten Sie diesem Rat dennoch folgen. Wenn Sie das spontan nicht können, weil Sie glauben, daß zu viele oder bestimmte Argumente gegen den aufgezeigten Weg sprechen, dann könnten Sie über diese Antworten einmal oder, wenn Sie möchten auch mehrmals, analytisch meditieren. Zu beschreiben, wie das genau geht, würde den Umfang dieses Buches sprengen, außerdem ist es hier nicht das Thema. So viel sei aber zur analytischen Meditation gesagt: Ganz vereinfacht dargestellt sollte man versuchen, das Problem, den Weg oder die Antwort bis ins kleinste Detail in positive und negative Auswirkungen für einen selbst und für andere zu zerlegen. Dann versucht man, die positiven und negativen Auswirkungen zu gewichten und gegeneinander abzuwägen. Hat das Endergebnis eine positive Wirkung nicht nur für uns selbst, sondern auch für andere, so können wir davon ausgehen, daß unsere Handlungen oder unser Weg derzeit richtig sind. Hat das Endergebnis aber negative Auswirkungen, so kann dieser Weg nicht richtig sein, und man sollte über andere Wege oder Ziele nachdenken.

Jade-Meditation für die Waage

Auch diese Meditation können Sie gut morgens nach dem Aufwachen praktizieren, um sich positiv auf den beginnenden Tag einzustimmen. Sie läßt sich jedoch auch gut zu jeder anderen Tageszeit verwenden, wenn man »zu viel Luft« hat und sich auf das Wesentliche besinnen möchte. Da diese Meditation nicht lange dauert, kann man sie durchaus in stressigen Situationen anwenden.

Setzen Sie sich entspannt hin, oder legen Sie sich auf eine bequeme Unterlage, und schließen Sie Ihre Augen. Ihr Atem geht ruhig und gleichmäßig, so wie es Ihr Atemreflex vorgibt. Sie atmen einfach ein und wieder aus, ein und wieder aus. Sie sind vollkommen ruhig und entspannt. Nichts kann Sie stören, und nichts ist mehr wichtig. Sie lassen sich einfach fallen in das angenehme Gefühl der Ruhe. Sie fallen immer tiefer und tiefer. Ihr ganzer Körper ist in Harmonie und Liebe gebettet. In Gedanken sehen Sie nun vor sich einen wunderschönen Jade-Edelstein. Seine Farbe ist ein angenehmes Grün. Es ist Ihr ganz persönlicher Edelstein, der Ihnen als Waage ebenso zugeordnet ist wie die Venus, der Planet der Liebe, Kunst und Harmonie. Der Jade-Edelstein schwebt genau über Ihrem dritten Auge und bestrahlt Ihr Dasein mit seiner ganzen Kraft. Mit jedem Atemzug werden Sie mehr und mehr eins mit diesem Stein. Sie spüren die Stärke und Kraft, die sich nun in Ihnen ausbreiten. Sie sind ruhig und ausgeglichen. In Ihnen herrscht das richtige Maß an Luft. Der Jade-Edelstein verleiht Ihnen Kraft, Mut und Zufriedenheit. Sie sind eins mit diesem göttlichen Stein. Mit jedem Atemzug saugen Sie diese Energie ein, und wenn Sie ausatmen, lösen sich alte Blockaden, und überschüssiges Luftelement wird herausgeblasen. Sie sind nun völlig ausgeglichen und frei für positive Unternehmungen. Bleiben Sie noch einen Moment liegen, bevor Sie an die Arbeit gehen.

Teil V
Die Magie der Waage

Was ist eigentlich die Magie der Waage? Um das festzulegen, müssen wir erst einmal wissen, was Magie allgemein ist.
Magische Rituale zu praktizieren, ist eine seit Jahrtausenden überlieferte Kunst, bei der man durch Willenskraft bestimmte Ereignisse oder Dinge verändert oder auch neu erschafft. Notwendig ist dabei, daß man einen unerschütterlichen Willen und ein konkret definiertes Ziel hat.
Was ist ein konkret definiertes Ziel?
Bei unserer magischen Arbeit ist es ein durch Visualisierung sehr genau dargestelltes Ereignis. Ein Beispiel soll Ihnen verdeutlichen, was ich meine. Nehmen wir einmal an, Sie haben einen Wunsch. Versuchen Sie nun, diesen Wunsch vor Ihrem geistigen Auge Realität werden zu lassen. Was sehen Sie? »Meinen Wunsch«, werden Sie jetzt vielleicht ganz spontan gedacht oder gesagt haben. Natürlich haben Sie etwas gesehen, aber das war nur ein Bruchteil Ihres Wunsches, und es war deshalb auch nur ein Bruchteil eines konkret definierten Ziels.
Haben Sie, während Sie Ihren Wunsch visualisierten, z. B. gesehen, wann Sie Ihr Ziel erreichen? Heute noch? Morgen? In einer Woche? In wie vielen Monaten oder Jahren hat sich Ihr Wunsch erfüllt? Sie haben an keinen Zeitpunkt gedacht, schade, möglicherweise müssen Sie sehr lange auf das Endergebnis warten. Haben Sie in Ihrer Vorstellung auch den Ort gesehen, an dem Ihr Wunsch in Erfüllung geht? Welche Kleidung haben Sie getragen, und welche Kleidung haben andere Personen

getragen, die eventuell an Ihrem Wunsch beteiligt waren? Waren Sie in einem Gebäude, wenn ja, in welchem Raum? Was ist alles im Raum? Oder waren Sie im Freien? Wie sieht die Landschaft aus? Fragen über Fragen, aber Sie erkennen jetzt, worauf es ankommt. Sie müssen in Ihren magischen Ritualen Ihr Ziel so genau wie möglich beschreiben, um es letztlich auch erfolgreich zu erreichen.
Dieses kleine Beispiel hat uns auch verdeutlicht, daß es am Anfang gar nicht so leicht ist, sich ein richtiges Bild von seinem Ziel zu machen. Jetzt zeigt sich auch, daß falsch praktizierte Rituale von Menschen, die glauben, mal »schnell draufloszaubern« zu können, eigentlich immer zum Scheitern verurteilt sind – ihnen fehlt das genaue Ziel. Lassen Sie sich aber auch nicht abschrecken, denn z. B. mit Meditationen können Sie hervorragend üben, Dinge oder Ereignisse ganz genau zu beschreiben. Meditieren Sie doch mal über Ihren Teppich. Ich meine damit, daß Sie sich ganz entspannt auf Ihren Teppich setzen und ihn »erforschen« – nur mit den Augen lernen Sie ihn kennen und denken über ihn nach. Auf Seite 98 finden Sie die Auflösung, ob Sie Ihren Teppich genau genug »erkannt« haben und ihn beschreiben können.
Sie können jetzt die Meditation machen und dann nachsehen, wie Sie abgeschnitten haben, oder Sie praktizieren die Meditation ein anderes Mal und lesen nun einfach auf der nächsten Seite weiter.

Auf der vorhergehenden Seite war vom Scheitern die Rede, und das möchte ich nochmals kurz aufgreifen. Da Sie sich möglicherweise, genauso wie ich, manchmal einen Lottogewinn wünschen, kann ich Ihnen sagen, daß Rituale, die aus Gier oder selbstsüchtigen Motiven heraus praktiziert werden, ebenfalls immer scheitern. Es besteht sogar die Gefahr, daß sich der Wunsch gegen Sie wendet und Sie viel Geld, Gut oder Habe verlieren.
Sollten Sie jedoch in einem finanziellen Engpaß stecken und dringend einen gewissen Geldbetrag brauchen, können Sie sehr wohl Rituale zelebrieren, bei denen Sie aber nur den allernotwendigsten Betrag wünschen sollten und keinen Pfennig mehr. Übrigens, wenn Sie aus tiefstem Herzen einem Fremden, z. B. dem Nachbarn, der um die Ecke wohnt, den besagten Lottogewinn wünschen, wird Ihr Ritual durchaus erfolgreich sein.
Jetzt aber zurück zu dem, was wir brauchen, um erfolgreich magisch zu arbeiten. Wir haben festgestellt, daß ein genaues Ziel notwendig ist, und wie wir diese Genauigkeit erreichen können. Damit haben wir schon einen großen Sprung in Richtung Erfolg getan. Was noch fehlt, ist das »Ambiente«, die entsprechende Stimmung sowie die ganzen Utensilien. Ein Teil dieser Gegenstände, wie z. B. Dolch, Magischer Kreis, Salz und diverse Siegel, um nur einige Ritualgegenstände zu nennen, dient dazu, den magisch Arbeitenden vor negativen Einflüssen und Energien zu schützen. Andere Gegenstände, wie z. B. Blumen, Kerzen, Früchte und

Speisen allgemein, gehören auch dazu und werden überwiegend als Opfergabe dargebracht. Ein dritter Teil von Ritualzutaten, wie z. B. Räucherungen, Kerzen, duftende Öle, Edelsteine und teilweise auch Musik usw., haben zum Großteil nur die einzige wichtige Aufgabe, den Praktizierenden einzustimmen, das heißt, aus dem Alltag herauszuheben in einen meditativen oder tranceartigen Zustand, damit er dann, verbunden nur mit der göttlichen Energie, sein Ziel beschreiben und damit erschaffen kann.

Eine Kurzdefinition könnte so lauten: Mit festem Willen, unerschütterlichem Glauben und einem genauen Ziel vor Augen – durch das Ritual befreit vom Alltäglichen – dem göttlichen Energiefluß so nahe zu sein, daß die genaue Beschreibung des Ziels übergeben werden kann, auf daß es Realität werde.

Alle Utensilien sind von Ritual zu Ritual und von Magie zu Magie unterschiedlich. Es gibt viele Arten, die Sie praktizieren können. In der Wicca-Magie, der eine matriarchalische Philosophie zugrunde liegt, wird also die »Weise Ur-Mutter«, die »Weiße Göttin« verehrt. Entwickelt hat sich dieser Glaube vor weit mehr als zweitausend Jahren aus ägyptischen Lehren, die sich über die Jahrhunderte hinweg mit griechischen und römischen Kulten sowie der keltischen Religion vermischten. Dieser Art von Magie, die auch eine sehr naturverbundene ist, stehe ich sehr nahe, und ich habe über die Jahre meinen eigenen Wicca-Stil entwickelt.

Natürlich können Sie auch andere Arten von Magie praktizieren. Voodoo, Schamanismus, kabbalistische oder zeremonielle Magie, Makumba u. v. m. Letztlich werden Sie, wenn Sie magisch arbeiten wollen, Ihren eigenen Weg, sprich Ihre eigene Magie, die Ihnen am besten liegt, finden.
Alle Rituale, die auf den nächsten Seiten folgen, sind ganz individuell auf das Sternzeichen der Waage abgestimmt. Es werden Zutaten verwendet, die eine Atmosphäre von besonderer Spiritualität erzeugen, die Sie als Waage-Geborene(n) während Ihres Rituals auf einzigartige Weise der göttlichen Energie näherbringt. Sie können dann Ihren genau definierten Wunsch vortragen, damit er sich erfüllen kann.
Zweifeln Sie niemals, sehen Sie positiv in die Zukunft, und gehen Sie auch positiv Ihren Weg. Lassen Sie sich von kleinen Rückschlägen, wenn z. B. einmal etwas nicht so schnell in Erfüllung geht, nicht abschrecken. Magie ist ein mächtiges Instrument unseres Geistes, und sie wirkt. Das eine oder andere Ritual müssen Sie vielleicht einmal oder sogar mehrmals wiederholen, bis Sie es richtig beherrschen, aber es ist ja bekanntlich noch kein Meister vom Himmel gefallen.
Eines sollten Sie jedoch von Anbeginn berücksichtigen. Es ist das ungeschriebene Gesetz der Weißen Hexen:

»Tue, was du willst, aber schade niemandem!«

Grundsätzliches zu allen Ritualen

Da alle Rituale Zeit und sehr viel Konzentration erfordern, gibt es nichts Schlimmeres, als aus diesem tranceartigen Zustand herausgerissen zu werden. Sie sollten also dafür sorgen, daß Sie während der Rituale nicht gestört werden. Weder durch das Klingeln an der Haustüre noch durch das Telefon oder durch den Ehemann/Freund oder die Kinder sollten Sie während der Zeremonie gestört werden. Sie sollten sich vor jedem Ritual, sei es auch noch so einfach auszuführen, reinigen. Natürlich müssen Sie nicht vor jedem Ritual ein Vollbad nehmen, jedoch sollten Sie immer Ihr Gesicht, Ihre Hände und den Körper mit Salzwasser besprenkeln. Bei den großen Ritualen empfehle ich Ihnen, das rituelle Reinigungsbad so zu vollziehen, wie ich es auf Seite 52 beschrieben habe.
Ein besonders wichtiger Punkt ist auch, daß Sie sich und Ihr Ritual vor negativen Energien und Einflüssen, Dämonen und Verfluchungen schützen. So sollte, je nach Ritual, das Ziehen der anrufenden oder bannenden Pentagramme, das Auslegen eines sogenannten Magischen Kreises und das Anrufen der Wächter ein fester Bestandteil vor Ihrem eigentlichen Ritual sein. Wie man die Pentagramme zieht, lesen Sie ab Seite 96.
Bei den Ritualen in diesem Buch sind Schutzmaßnahmen notwendig. Lassen Sie sich bitte nicht täuschen, und glauben Sie auch nicht, daß der Schutz bei dem einen oder anderen Ritual nicht so wichtig

wäre, weil ich ihn bei diesen Ritualen nur mit einem oder zwei Sätzen beschrieben habe oder weil es ein kurzes Ritual ist.

Vor allen Ritualen sind umfangreiche Schutzvorkehrungen zu treffen!

Auch sollten Sie sich bei jedem Ritual ehrfurchtsvoll und mit dem angebrachten Respekt, aber auch mit Vertrauen und Zuversicht dem Altar nähern und sich wieder von diesem entfernen. Da in einem Buch nichts langweiliger ist, als ständige Wiederholungen, habe ich dies, genauso wie die sich wiederholenden Schutzvorbereitungen, bei den Ritualen nicht immer wieder neu beschrieben und angeführt. Dennoch sollten Ihnen eine entsprechende Annäherung und Entfernung in Fleisch und Blut übergehen und bei jedem Ritual praktiziert werden. Einen weiteren Grundsatz sollten Sie stets beherzigen, nämlich den, mit niemandem über Ihre magische Arbeit zu sprechen. Schweigen ist hier eigentlich der beste Schutz, damit kein anderer Ihre magische Arbeit zerstören kann. Stellen Sie sich nur vor, daß derjenige, mit dem Sie über Ihre magische Arbeit gesprochen haben, ständig daran denkt und seine möglicherweise negativen Gedanken in Ihr Ritual einfließen läßt. Außerdem können Sie nie hundertprozentig sicher sein, daß die Person, mit der Sie über das Ritual gesprochen haben, ihr Wissen nicht doch irgendwann dazu benutzt, Ihnen vielleicht sogar zu schaden.

Grundsätzliches über Gesundheitsrituale

Ganz allgemein möchte ich Ihnen sagen, daß alle in diesem Buch vorgestellten Gesundheitsrituale sehr wirksam sind, jedoch ersetzen sie nicht die Diagnose und die anschließende Behandlung durch Ihren Arzt, Heilpraktiker oder Psychotherapeuten. Diese Rituale sollten Sie immer unterstützend zur ärztlichen Behandlung anwenden.

Ich wünsche Ihnen Mut und Kraft, daß Sie die Ursachen, vielleicht auch die psychischen, Ihrer Beschwerden oder Leiden erkennen und annehmen, denn dann brauchen Sie möglicherweise nicht an Symptomen herumzudoktern, sondern können sich ganz der Ursache widmen, sie ins Positive ändern und somit Ihre Krankheit auflösen.

Megalithsteine von Stonehenge

Stonehenge war eine große Sakralstätte und Sternwarte. An diesem heiligen Kraftplatz wurden nicht nur besondere Feste gefeiert und Rituale zelebriert, sondern natürlich auch die Stellungen der Planeten berechnet. Zu bestimmten Zeiten wie z. B. den Tagundnachtgleichen oder den Sonnenwenden kann man den Sonnenstand immer an einer bestimmten Stelle der Steinformation erkennen. In neuerer Zeit hat eine Gruppe von etwa 200 Druiden wieder die offizielle Erlaubnis erhalten, den inneren Kreis von Stonehenge für besondere Feste und Rituale zu betreten. Das Gelände mit den imposanten Steinen ist normalerweise für Besucher nicht zugänglich, sondern nur aus einiger Entfernung zu besichtigen.

Auch in Deutschland gibt es Kraftplätze. Ein besonderer, der ebenfalls als Kultstätte und Sternwarte genutzt wurde – und auch wieder genutzt wird – liegt bei Horn, nahe Detmold im Teutoburger Wald. Es sind die ***Externsteine****, eine Felsformation, von der nicht nur indianische Schamanen bei einem Besuch sagten, daß es ein »ausgesprochen starker Platz« ist. Besonders bemerkenswert ist auch die Tatsache, daß die Externsteine auf dem 52. Breitengrad liegen, auf dem man auch Stonehenge und andere Kraftplätze findet. 52 Grad ist auch das Winkelmaß der Cheops-Pyramide – kann das Zufall sein?*

Teil VI
Die Rituale der Waage

Rituelles Bad für das Luftzeichen Waage

Dauer des Bades: ca. 15-20 Minuten

Lassen Sie warmes, aber nicht zu heißes Wasser in die Wanne laufen, geben Sie dann eine Handvoll Meersalz und sieben Tropfen Lavendelöl hinzu. Legen Sie sich nun ganz entspannt in die Wanne, und schließen Sie Ihre Augen. Atmen Sie siebenmal ganz ruhig ein und aus. Spüren Sie, wie sich jeder Muskel lockert, und Sie immer leichter und leichter werden. Fast schwerelos treibt Ihr Körper im Wasser, und Sie fühlen ganz deutlich, wie sich alle störenden Gedanken auflösen und vollkommene Harmonie zurückbleibt. Visualisieren Sie einen grünen Ball. Dieser Ball ist Liebe pur. Mit jedem Atemzug saugen Sie diese Liebe in sich hinein. Überall in Ihrem Körper verteilt sich nun das grüne Licht der Liebe und Leidenschaft. Sie fühlen deutlich, mit welcher Macht sich die Liebe in Ihrem Körper verbreitet. Glücksgefühle durchströmen Ihren Körper. Wenn Sie das Gefühl haben, eins zu sein mit diesem Gefühl der Liebe und des Glücks, dann steigen Sie aus der Wanne und trocknen sich ab. Ziehen Sie sich etwas Leichtes an, das Sie nicht einengt, am besten ein Wickeltuch aus Seide, in der entsprechenden Farbe des Rituals, das Sie im Anschluß praktizieren wollen.

Liebeszauber für die Waage

Für dieses Ritual benötigen Sie folgende Zutaten: Eine rote Altardecke, einen Aquamarin, ein rotes Stoffsäckchen, sieben Beryll-Edelsteine, eine rote Paarkerze, zwei weiße Altarkerzen, eine Schale für die Weihrauchmischung, getrocknete Blütenblätter von sieben roten Rosen, ein Bild von dem/der Liebsten, ein ca. 10 x 10 cm großes Stück Hautpergament, ein Fläschchen Liebesöl, einen Federhalter mit Schreibfeder, ein Fläschchen Drachenbluttinte, zwei Rosenräucherstäbchen, eine Schüssel Heiliges Wasser, ein Päckchen Streichhölzer, einen Zahnstocher, eine Räucherschale, gefüllt mit etwas Sand, ein Stück Räucherkohle sowie eine besondere Räuchermischung, die speziell für das Liebesanliegen der Waage gemischt wird. Diese können Sie problemlos selbst machen. Nehmen Sie hierzu einen Teelöffel Sandelholz, zwei gestrichene Teelöffel Moschuskörner, einen gestrichenen Teelöffel Myrrhe, einige getrocknete Blütenblätter einer weißen Rose, einen gestrichenen Teelöffel Majoran und einen gestrichenen Teelöffel Weihrauch.
Die groben Zutaten wie Weihrauch, Majoran oder Moschuskörner sollten Sie etwas zerkleinern. Am besten geht das in einem Mörser, in den Sie nach und nach alle Räucherzutaten geben und zu einer gut streubaren Mischung verarbeiten. Was von Ihrer fertigen Mischung nach dem Ritual übrig ist, können Sie in einem luftdichten Gefäß für ein weiteres Liebesritual aufbewahren.

Ritualvorbereitung

Für dieses Ritual sollten Sie Ihren Altar so im Zimmer aufbauen, daß er im Süden steht. Wenn Sie dann später Ihr Ritual vollziehen, stellen Sie sich so vor den Altar, daß Sie nach Süden sehen.
Breiten Sie die rote Altardecke über Ihren Ritualtisch aus, und stellen Sie die beiden weißen Altarkerzen links und rechts oben auf Ihren Altar. Vor jede dieser beiden Altarkerzen plazieren Sie ein Rosenräucherstäbchen. Reinigen Sie den Aquamarin mit etwas Heiligem Wasser, und legen Sie ihn anschließend in die Mitte Ihres Altars. Ritzen Sie nun mit dem Zahnstocher in die Paarkerze:

Ihren Namen und Ihr Geburtsdatum

oder, wenn Sie für andere arbeiten

den Namen und das Geburtsdatum der ersten Person

sowie

den Namen und das Geburtsdatum Ihrer/Ihres Liebsten

oder statt dessen

den Namen und das Geburtsdatum der zweiten Person.

Stellen Sie dann diese Paarkerze hinter den Aquamarin. Die Räucherschale plazieren Sie links neben

der Paarkerze. Die Schale mit der Weihrauchmischung stellen Sie vor die Räucherschale. Verteilen Sie die Rosenblätter kreisförmig um die Paarkerze und den Edelstein herum. Jetzt nehmen Sie den Federhalter zur Hand und schreiben mit der Drachenbluttinte Ihren Wunsch auf das Hautpergament. Lassen Sie die Tinte trocknen, legen Sie dann das Pergament zusammen mit dem Bild Ihrer/Ihres Liebsten (bzw. Ihres Kunden) rechts neben die Paarkerze. Plazieren Sie die Schale mit dem Heiligen Wasser rechts unten auf dem Altar. Die sieben Berylle reinigen Sie ebenfalls und legen sie in die linke untere Ecke Ihres Altars. Begeben Sie sich zum rituellen Bad, um sich zu reinigen und auf das bevorstehende Liebesritual vorzubereiten.
Nachdem Sie das rituelle Bad vollzogen haben, begeben Sie sich nackt oder in angenehme rote Kleidung oder Tücher gehüllt, zu Ihrem Ritualtisch.

Das Ritual

Bevor Sie beginnen, besprenkeln Sie Ihren Altar mit etwas Heiligem Wasser und sprechen dabei:

»Gesäubert, gereinigt und geschützt sei nun dieser geheiligte Ort.«

Nun sollten Sie sich und Ihr Ritual schützen. Ziehen Sie hierfür den Schutz-Kreidekreis so, wie ich es auf Seite 95 beschrieben habe.

Reiben Sie jetzt die Paarkerze kräftig mit dem Liebesöl ein, und stellen Sie diese zurück auf ihren Platz. Verweilen Sie nun einige Minuten vor Ihrem Altar, und lassen Sie diesen Ort der Liebe auf sich wirken. Versuchen Sie, sich zu entspannen und nach einiger Zeit, wenn Sie sich gut und zufrieden fühlen, beginnen Sie mit Ihrem Ritual. Zünden Sie mit dem Streichholz die Kohletablette an, und warten Sie, bis diese richtig glüht. Geben Sie dann einen gestrichenen Teelöffel der Weihrauchmischung auf die glühende Kohle. Während der Duft des Weihrauches emporsteigt, sehen Sie geradeaus in Richtung Süden und sprechen mit seitlich ausgebreiteten Armen und nach oben zeigenden Handflächen:

»Wächter des Südens, Ihr Wächter des Feuers, öffnet Eure Tore und laßt Aradia, die Göttin der Liebe, hindurch.«

Geben Sie erneut etwas Weihrauchmischung auf die Kohle. Rufen Sie in Anrufungshaltung Richtung Süden:

»Aradia, oh Du Göttin der Weisheit, Liebe und Leidenschaft, ich, ... (sagen Sie Ihren Namen), rufe Dich und bitte um Erfüllung meines innigsten Wunsches.«

Zünden Sie nun die beiden Altarkerzen und die Rosenräucherstäbchen an und sagen Sie mit vor der Brust überkreuzten Armen:

»Ihr Wesenheiten des Feuers, eilt in Liebe zu mir und schützt dieses Ritual das in Liebe zelebriert wird.«

Geben Sie wieder etwas Weihrauchmischung auf die Kohle, entzünden Sie anschließend die Paarkerze. Sagen Sie mit ausgebreiteten Armen:

»Sieh, Du Göttin der Liebe, dieses Paar ist nicht aus Wachs, sondern aus Fleisch und Blut. Menschliche Schwächen ziehen durch ihre Leiber, und Leidenschaft zieht wie Feuer durch ihre Adern. In Liebe sind die beiden verbunden. Weder Streit noch Leid kann diese beiden menschlichen Wesen trennen. Was durch Liebe und Macht der Göttin zusammenfindet, wird nie entzweit. So sei es ab sofort.«

Heben Sie nun den Aquamarin mit der linken Hand hoch über den Altar, und rufen Sie:

»Alle Macht der Liebe herbei! Geladen mit der göttlichen Kraft der Liebe sei nun dieser Aquamarin. Wann immer mein(e) Liebste(r) (bzw. Name der zweiten Person) ihn berührt, fließt mehr Leidenschaft durch seinen/ihren Körper und Liebe zu mir (bzw. Liebe zu ... Name der ersten Person) wird weiter entfacht und kehrt in ihr/sein (bzw. Name der zweiten Person) Herz ein.«

Legen Sie den Aquamarin nun zurück auf den Altar, nehmen Sie die Beryll-Edelsteine in die linke Hand und rufen Sie erneut:

»Aradia, lade diese Steine auf mit Deiner Kraft der Liebe und Leidenschaft, so sei es ab sofort.«

Legen Sie nun auch die Berylle zurück auf den Altar. Geben Sie nun nochmals etwas Weihrauchmischung auf die glühende Kohle. Nehmen Sie das Hautpergament und führen Sie es siebenmal durch den aufsteigenden Rauch des Weihrauches. Dabei sagen Sie siebenmal Ihren Wunsch, den Sie zu Beginn mit der Drachenbluttinte auf das Pergament geschrieben haben. Nach dem siebten Mal beenden Sie Ihren Wunsch mit:

»So sei es!«

Legen Sie nun das Hautpergament ebenfalls zurück auf den Altar. Geben Sie zum Abschluß etwas Räucherung auf die Kohle, und lassen Sie alle Kerzen und Räucherungen vollständig abbrennen. Anschließend füllen Sie das Pergament, das Bild Ihres/Ihrer Liebsten (bzw. der zweiten Person), einige Rosenblütenblätter sowie die Berylle in das rote Stoffsäckchen. Dieses Säckchen müssen Sie so lange in der Nähe Ihres/Ihres Liebsten (bzw. bei der zweiten Person) verstecken, bis sich Ihr Wunsch erfüllt hat. Den Aquamarin schenken Sie Ihrer/Ihrem Liebsten (bzw. muß die erste Person ihn der zweiten Person schenken). Alle anderen Ritualreste vergraben Sie an einem Freitag zur Mondzeit, jedoch vor Mitternacht unter einem Rosenbusch. Wenn sich Ihr Wunsch erfüllt hat, vergraben Sie das Stoffsäckchen ebenfalls unter demselben Rosenbusch, auch an einem Freitag zur Mondzeit vor Mitternacht.

Treueritual für die Waage

Für dieses Ritual benötigen Sie folgende Zutaten: Eine rosafarbene Altardecke, zwei weiße Altarkerzen, ein Bild der Person, die zur Treue bewegt werden soll, ein Fläschchen Treueöl, eine Schale mit Salzwasser, ein Schälchen für die Weihrauchmischung, einen Teelöffel, eine Räucherschale, mit etwas Sand gefüllt, ein Stückchen Räucherkohle, ein Fläschchen Heiliges Wasser, einen wasserfesten Filzschreiber, Zündhölzer und einen Zahnstocher. Je nach Geschlecht der Person, die zur Treue bewegt werden soll, benötigen Sie eine spezielle Personenkerze. Bei einem Mann benötigen Sie eine rote männliche, bei einer Frau eine rote weibliche Personenkerze sowie eine besondere Räuchermischung die speziell für das Treueritual der Waage gemischt wird. Sie wissen ja schon, daß Sie das problemlos selbst machen können. Nehmen Sie hierzu einen Teelöffel Sandelholz, zwei gestrichene Teelöffel Moschuskörner, einen gestrichenen Teelöffel Zimt, einen Teelöffel Lindenblüten, und einen gestrichenen Teelöffel Ysop. Die groben Zutaten wie Moschuskörner, Ysop oder Lindenblüten sollten Sie etwas zerkleinern. Am besten geht das in einem Mörser, in den Sie nach und nach alle Räucherzutaten geben und zu einer gut streubaren Mischung verarbeiten. Was von Ihrer fertigen Mischung übrigbleibt, können Sie in einem luftdichten Gefäß für ein weiteres Treueritual aufbewahren.

Ritualvorbereitung

Legen Sie die rosafarbene Decke über Ihren Altar und plazieren Sie die beiden weißen Altarkerzen links und rechts oben auf Ihrem Altar. Ritzen Sie nun mit dem Zahnstocher in die Personenkerze:

den Namen und das Geburtsdatum der zur Treue zu bewegenden Person

sowie

Tiefes Begehren brennt in deinem Herzen, sobald du mich, ... (schreiben Sie Ihren Namen), erblickst. Andere Frauen/Männer sind Dir völlig gleichgültig. Dein Herz schlägt nur für mich in Liebe und Leidenschaft. So sei es.

Plazieren Sie die Kerze in der Mitte Ihres Altars. Die Räucherschale stellen Sie dahinter. Nehmen Sie nun das Bild der Person, die zur Treue bewegt werden soll, zur Hand. Mit dem Filzschreiber schreiben Sie auf die Rückseite:

den Namen und das Geburtsdatum der Person.

Anschließend legen Sie das Foto links unten auf Ihren Altar. Die Schale mit dem Salzwasser stellen Sie in die rechte untere Altarecke. Das Fläschchen mit dem Heiligen Wasser plazieren Sie hinter dem Bild, und das Treueöl stellen Sie davor. Die Schale mit der Räuchermischung und dem Teelöffel stellen Sie rechts neben die Räucherschale.
Begeben Sie sich nun zum rituellen Bad, um sich selbst zu reinigen. Nachdem Sie das rituelle Bad vollzogen haben, gehen Sie entweder nackt oder in angenehme rosafarbene Kleidung oder Tücher gehüllt zu Ihrem Ritualtisch.

Das Ritual

Bevor Sie mit dem eigentlichen Zeremoniell beginnen, reinigen Sie noch den Altar. Beträufeln Sie ihn und alle Utensilien mit etwas Heiligem Wasser und sprechen Sie dabei:

»Gesäubert, gereinigt und geschützt sei nun dieser geheiligte Ort.«

Jetzt sollten Sie sich und Ihr Ritual schützen. Ziehen Sie hierfür den Schutz-Kreidekreis so, wie ich es auf Seite 95 beschrieben habe. Sie können natürlich auch andere Schutzmaßnahmen ergreifen, z. B. die anrufenden Pentagramme ziehen, die Wächter der Elemente rufen oder einen sogenannten Magischen Kreis auslegen. Reiben Sie nun die Kerze und anschließend auch das Bild mit dem Treueöl ein, und stellen Sie beides zurück auf seinen Platz. Zünden Sie die Räucherkohle an, und legen Sie diese auf den Sand im Kessel. Warten Sie einen Augenblick, bis die Kohle richtig glüht, und geben Sie dann etwas Räuchermischung »Treue-Waage« darauf. Rufen Sie jetzt mit seitlich ausgebreiteten Armen und offenen, nach oben zeigenden Handflächen:

»Ihr Wesenheiten der Liebe, der Lust und der Leidenschaft, ich, ... (sagen Sie Ihren Namen), rufe Euch herbei. Eilt, eilt zu mir in meine Mitte und schützt dies Ritual der Treue.«

Streuen Sie wiederum etwas Räuchermischung auf die glühende Kohle. Besprenkeln Sie anschließend nochmals den gesamten Altar mit etwas Heiligem Wasser und sagen Sie dabei:

»Geheiligt sei nun diese Stätte der Liebe und Treue. So sei es.«

Entzünden Sie nun auch die beiden weißen Altarkerzen und sagen Sie in singendem Ton:

»Diana, weise Göttin, erscheine hier und erhöre mein Flehen.«

Geben Sie erneut etwas Räuchermischung auf die Kohle. Zünden Sie nun auch die Personenkerze an und rufen Sie:

»So wie diese Personenkerze brennt, so lodert die Leidenschaft in den Adern von ... (sagen Sie den Namen der Person, die zur Treue bewegt werden soll). Er/Sie hat nur noch Augen für mich. Andere Frauen/Männer interessieren ihn/sie überhaupt nicht. ... (Sagen Sie den Namen der Person) ist mir treu aus tiefstem Herzen. So sei es ab sofort.«

Geben Sie nun nochmals etwas Räucherung auf die Kohle. Nehmen Sie das Bild, halten Sie es in den aufsteigenden Rauch, und sagen Sie zum Abschluß noch einmal:

»Sieh, Diana, der heilige Rauch umhüllt ... (sagen Sie den Namen der Person) wie ein Nebel. Er/Sie erkennt fremde Verlockungen nicht mehr. So sei es ab sofort.«

Bedanken Sie sich, und verabschieden Sie sich von den Wesenheiten und der Göttin Diana. Lassen Sie alle Kerzen und Räucherungen ganz abbrennen und vergraben Sie alle Reste zusammen mit dem Bild an einem Montag zur Mondzeit zwischen Sonnenaufgang und Mitternacht unter einem Rosenstrauch. Gehen Sie, wann immer Sie wollen, zu diesem Rosenstrauch, denken Sie in Liebe und Zärtlichkeit an Ihre/n Partner/in und seien Sie gewiß, daß die Treue tief in seinem/ihrem Herzen verankert ist.

Artemis, die griechische Göttin der Jagd. Bei den Römern hieß sie Diana, »Himmelskönigin«, und wurde in drei verschiedenen Gestalten verehrt:

1. Mondjungfrau,

2. Mutter sämtlicher Geschöpfe und

3. Jägerin.

Die Verehrung der Diana war in vorchristlicher Zeit so verbreitet, daß diese von den Christen zur »Königin der Hexen« ernannt wurde, um dadurch die Zerstörung der Dianatempel zu rechtfertigen.

Nach Venantius wurde z. B. in Vernemeton - das ist ein gallischer Name, der »Großes Heiligtum« bedeutet – der Göttin Diana gehuldigt. Ungefähr vom 5. bis zum 7. Jahrhundert war sie in Gallien die höchste Gottheit. Ihr Geist wurde in einem abgeschnittenen Ast oder Zweig verehrt. Es gab auch sogenannte Waldaltare – das waren Baumstümpfe, die als Altar hergerichtet wurden – zu Ehren Dianas. Hier wurde sie als Jägerin verehrt, und im gesamten Mittelalter war sie die Herrin und Hüterin der dichten Wälder Europas. In der bosnisch-kroatischen Heimat meiner Eltern und Großeltern ist sie als Mond- und Waldgöttin »Diiwica« bekannt. Übersetzt, im allgemeinen Sprachgebrauch, heißt »Diiwica« Jungfrau. Mir persönlich fällt eine andere Wortkombination auf: »Dii Wica« könnte auch »Dia Wicca« – Göttin der Wicca – heißen.*

*****Venantius*** *– Bischof von Poitiers, sein ganzer Name war Venantius Honorius Clementianus Fortunatus. Er war im 6. Jahrhundert nicht nur Bischof, sondern auch Dichter. In Frankreich wird er noch heute als Heiliger verehrt.*

Trennungsritual für die Waage

Mit diesem Ritual können Sie sich nicht nur von Ihrem Ehepartner oder Freund, sondern auch von einem Geschäftspartner trennen.

Für dieses Ritual benötigen Sie folgende Zutaten: Eine schwarze Altardecke, eine schwarze Schlangenkerze, zwei weiße Altarkerzen, ein Fläschchen Trennungsöl, ein Schälchen für die Weihrauchmischung, einen Teelöffel, einen Räucherkessel, gefüllt mit etwas Sand, ein Stück Räucherkohle, ein Bild der Person, von der Sie sich trennen möchten, Zündhölzer, Zahnstocher, einen wasserfesten Filzschreiber, eine Schale mit Salzwasser sowie eine selbstgemachte Räuchermischung »Saturn-Waage«. Nehmen Sie hierzu einen Teelöffel Myrrhe, zwei gestrichene Teelöffel Salbei, einen gestrichenen Teelöffel Estragon, einen gestrichenen Teelöffel Teufelsdreck, einen gestrichenen Teelöffel Drachenblut (Vorsicht, reizend!) und einen gestrichenen Teelöffel Wermut. Die groben Zutaten sollten Sie etwas zerkleinern. Am besten geht das in einem Mörser, in den Sie nach und nach alle Räucherzutaten geben und zu einer gut streubaren Mischung verarbeiten. Was von Ihrer fertigen Mischung nach dem Ritual übrigbleibt, können Sie in einem luftdichten Gefäß für ein weiteres Trennungsritual aufbewahren.

Ritualvorbereitung

Legen Sie die schwarze Decke über Ihren Altar, und plazieren Sie die beiden Altarkerzen links und rechts oben auf Ihrem Ritualtisch. Den Räucherkessel stellen Sie in die Mitte des Altars, das Schälchen mit der Räuchermischung legen Sie davor. Ritzen Sie dann in die Schlangenkerze:

den Namen und das Geburtsdatum der Person, von der Sie sich trennen möchten.

Stellen Sie die Kerze sodann hinter den Räucherkessel. Nehmen Sie das Bild der Person, von der Sie sich trennen, zur Hand und schreiben Sie mit dem Filzschreiber auf die Rückseite:

den Namen und das Geburtsdatum der Person.

Legen Sie es vor den Räucherkessel. Die Schale mit dem Salzwasser plazieren Sie rechts unten auf dem Altar, und das Fläschchen mit dem Trennungsöl stellen Sie davor. Legen Sie auch alle anderen Utensilien griffbereit. Ihr Altar ist nun soweit fertiggestellt. Bereiten Sie sich jetzt selbst vor, indem Sie das rituelle Bad nehmen, sich dabei reinigen und auf das bevorstehende Zeremoniell besinnen.
Trocknen Sie sich ab und gehen Sie dann entweder nackt oder in schwarze Gewänder oder Tücher gewickelt zu Ihrem Ritualtisch zurück.

Das Ritual

Begeben Sie sich zu Ihrem Altar und reinigen Sie ihn. Dazu beträufeln Sie diesen und alle anderen Gegenstände mit etwas Salzwasser. Während Sie dies tun, sagen Sie:

»Gereinigt und geweiht sei diese Stätte. So sei es im Namen Karnaynas.«

Jetzt treffen Sie mindestens eine Schutzmaßnahme für sich selbst und Ihr Ritual. Ziehen Sie hierfür den Schutz-Kreidekreis so, wie ich es auf Seite 95 beschrieben habe. Sie können natürlich auch andere Schutzmaßnahmen ergreifen, z. B. die bannenden Pentagramme ziehen, die Wächter der Elemente rufen oder auch einen sogenannten Magischen Kreis auslegen.
Nehmen Sie die Schlangenkerze, und reiben Sie diese gut mit dem Trennungsöl ein, anschließend stellen Sie sie wieder auf ihren Platz. Auch das Bild reiben Sie kräftig mit Trennungsöl ein und legen es zurück. Zünden Sie nun die Räucherkohle an und legen Sie diese auf den Sand im Räucherkessel. Warten Sie einen Augenblick, bis die Kohle richtig glüht und geben Sie dann etwas von Ihrer selbstgemachten Räuchermischung »Saturn-Waage« darauf. Wenden Sie sich nun nach Osten, und rufen Sie mit seitlich ausgebreiteten Armen und offenen, nach oben zeigenden Handflächen:

»Ihr großen Wächter des Ostens, öffnet Eure Tore und laßt den mächtigen Gott hindurch.«

Wenden Sie sich nun nach Süden, und sagen Sie:

»Ihr großen Wächter des Südens, öffnet Eure Tore und laßt den mächtigen Gott hindurch.«

Wenden Sie sich nach Westen, und sagen Sie ebenfalls:

»Ihr großen Wächter des Westens, öffnet Eure Tore und laßt den mächtigen Gott hindurch.«

Wenden Sie sich abschließend nach Norden, und sprechen Sie ein letztes Mal:

»Ihr großen Wächter des Nordens öffnet Eure Tore und laßt den mächtigen Gott hindurch.«

Geben Sie anschließend wieder etwas Räuchermischung auf die glühende Kohle. Zünden Sie die beiden weißen Altarkerzen an, und rufen Sie mit seitlich ausgebreiteten Armen:

»Karnayna, ich, ... (sagen Sie Ihren Namen), rufe Dich. Eile herbei und erscheine hier in meiner Mitte.«

Entzünden Sie nun die Schlangenkerze, und geben Sie erneut etwas Räuchermischung auf die Kohle. Nehmen Sie die Anrufungshaltung ein, Ihre Arme seitlich vom Körper weggestreckt, die Hände offen und die Handflächen nach oben zeigend. Sagen Sie nun:

»Karnayna, hör mich an! Laß die Liebe von ... (sagen Sie den Namen der Person, von der Sie sich trennen möchten) zu mir erkalten. Sie/Er soll weder Ruh' noch Schlaf finden, bis sich unsere Wege getrennt haben. Sieh, Karnayna, so wie diese Schlange in der Flamme schmilzt und sich auflöst, so löst sich auch seine/ihre Liebe zu mir auf. So sei es.«

Geben Sie nun nochmals etwas Räuchermischung auf die Kohle, und geben Sie das Bild ebenfalls hinzu. Sprechen Sie jetzt:

»Karnayna, sieh! So wie dieses Bild sich auflöst und im Rauch verschwindet, so löst sich die Liebe zu mir von ... (sagen Sie den Namen der Person, von der Sie sich trennen möchten) auf und verschwindet für alle Zeit. So sei es ab sofort.«

Bedanken Sie sich, verabschieden Sie sich dann von Karnayna und den Wächtern, und lassen Sie alle Kerzen und Räucherungen vollständig abbrennen. Vergraben Sie dann alle Ritualreste an einem Donnerstag zur Saturnzeit (00.00 Uhr) an einer Straßengabelung. Wenn Sie alles vergraben haben, gehen Sie nach Hause, ohne sich nochmals umzudrehen.

Abwehrritual für die Waage

Für dieses Ritual benötigen Sie folgende Zutaten: Eine schwarze Ritualdecke, zwei schwarze Altarkerzen, eine dreifache Schlangenkerze mit einer feuerfesten Untersetzschale, eine Räucherschale, gefüllt mit etwas Sand, ein Stück Räucherkohle, eine Schale für die Räuchermischung, neun Stecknadeln mit schwarzen Köpfchen, einen Teelöffel, eine Schale mit Salzwasser, Zündhölzer, einen Zahnstocher, eine selbstgefertigte Paste, bestehend aus zwei Teelöffeln Drachenblut (Vorsicht, reizend!), einem Teelöffel Teufelsdreck und etwas Pflanzenöl (nur wenige Tropfen Öl beimischen, bis ein streichfester Brei entsteht), eine Schale für die Abwehrpaste sowie die selbstgemachte Räuchermischung »Saturn-Waage«. Nehmen Sie hierzu einen Teelöffel Myrrhe, zwei gestrichene Teelöffel Salbei, einen gestrichenen Teelöffel Estragon, einen gestrichenen Teelöffel Teufelsdreck, einen gestrichenen Teelöffel Drachenblut (Vorsicht, reizend!) und einen gestrichenen Teelöffel Wermut. Dies ist die gleiche Mischung, die wir schon vom Trennungsritual kennen. Natürlich müssen Sie auch hier die groben Zutaten etwas zerkleinern, am besten in einem Mörser. Geben Sie nach und nach alle Räucherzutaten hinein, und verarbeiten Sie diese zu einer gut streubaren Mischung. Was von Ihrer fertigen Mischung nach dem Ritual übrigbleibt, können Sie in einem luftdichten Gefäß für ein weiteres Abwehrritual aufbewahren.

Ritualvorbereitung

Legen Sie die schwarze Ritualdecke auf Ihren Tisch, und plazieren Sie die beiden schwarzen Altarkerzen links und rechts oben auf Ihrem Altar. Ritzen Sie nun mit dem Zahnstocher folgendes, am besten in Hexenschrift, so wie ich sie kenne und schreibe, in die dreifache Schlangenkerze:

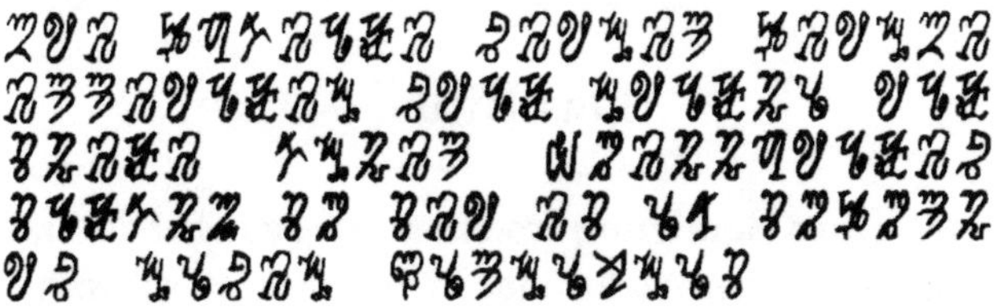

Auch wenn Sie glauben, daß Sie das nicht schaffen, versuchen Sie es bitte trotzdem. Durch Ihre erhöhte Konzentration hierauf wird die Wirkung noch größer sein! Übersetzt heißt der Text:

Die Flüche meiner Feinde erreichen mich nicht. Ich stehe unter göttlichem Schutz. So sei es ab sofort im Namen Karnaynas.

Reiben Sie die Kerze anschließend mit der Abwehrpaste ein, und spicken Sie jeden Schlangenkopf mit drei Stecknadeln. Plazieren Sie die Kerze nun in der Mitte Ihres Altares, vergessen Sie die feuerfeste Unterschale nicht. Den Räucherkessel stellen Sie vor die dreifache Schlangenkerze, und die Schale mit der Räuchermischung stellen Sie rechts daneben. Die Schale mit dem Salzwasser stellen Sie rechts vorne auf Ihren Ritualtisch. Die anderen Utensilien legen Sie auch griffbereit. Betrachten Sie nun nochmals den gesamten Altar, und lassen Sie ihn etwas auf sich wirken. Wenn alles zu Ihrer Zufriedenheit gerichtet ist, können Sie sich selbst vorbereiten und reinigen, indem Sie das rituelle Bad vollziehen.

Das Ritual

Nach Ihrer Reinigung trocknen Sie sich gut ab und gehen entweder nackt oder in angenehme schwarze Gewänder oder Tücher gewickelt zu Ihrem Altar. Besprenkeln Sie nun den gesamten Ritualtisch mit etwas Salzwasser, sprechen Sie dabei:

»Hiermit reinige und segne ich diesen Altar. So sei es.«

Um sich selbst und Ihr Ritual zu schützen, sollten Sie zumindest den Schutz-Kreidekreis so ziehen, wie ich es auf Seite 95 beschrieben habe. Sie können natürlich auch andere Schutzmaßnahmen ergreifen, z. B. die bannenden Pentagramme ziehen, die Wächter der Elemente rufen oder einen sogenannten Magischen Kreis auslegen.
Zünden Sie nun die Räucherkohle an, und legen Sie diese auf den Sand in der Räucherschale. Warten Sie einen Moment, bis die Kohle richtig glüht, geben Sie dann etwas von Ihrer selbstgefertigten

Räuchermischung darauf. Rufen Sie dann in der bereits beschriebenen Anrufungshaltung:

»Ihr Wesenheiten des Feuers, herbei geschwind, verbrennt des Feindes Fluch. Ihr Wesenheiten des Wassers, herbei geschwind, spült hinweg von mir alles Böse. Eure Wellen ertränken die Flüche des Bösen. Ihr Wesenheiten der Luft, herbei geschwind, und fegt hinweg die Flüche. Ihr Wesenheiten der Erde, herbei geschwind, und begrabt die Flüche der Feinde. So sei es mit aller Kraft des Feuers, des Wassers, der Luft und der Erde.«

Geben Sie jetzt wieder etwas Räuchermischung auf die glühende Kohle, und entzünden Sie auch die beiden schwarzen Altarkerzen. Rufen Sie mit ausgebreiteten Armen:

»Ihr mächtigen Wesenheiten, hört was ich sage. Unrecht wurde mir angetan. Meine Feinde versuchen mich mit bösen Flüchen zu vernichten.«

Geben Sie nun erneut etwas Räuchermischung auf die Kohle, zünden Sie die dreifache Schlangenkerze an, und rufen Sie wieder in Anrufungshaltung:

»Alle Flüche, alle Lügen und Intrigen erreichen mich nicht. Meine Feinde sind in den Fängen der Schlangen gefangen. Ab sofort sind ihre Flüche ohne Wirkung.«

Geben Sie wieder etwas Räucherung auf die Kohle, und setzen Sie sich in entspannter Haltung vor

Ihren Altar. Schauen Sie ganz entspannt in die Flamme der dreifachen Schlangenkerze, und visualisieren Sie, wie Ihre Feinde mitsamt allen Verwünschungen von den Schlangen vertrieben werden. Schließen Sie Ihre Augen, und fühlen Sie die Erleichterung, die sich in Ihnen ausbreitet. Endlich sind Sie von Ihren Feinden und deren Verleumdungen befreit. Stehen Sie auf, und geben abschließend nochmals etwas Räucherung auf die Kohle. Breiten Sie Ihre Arme wieder aus, und sagen Sie aus tiefstem Herzen:

»So sei es, im Namen der Wesenheiten, ab sofort.«

Bedanken Sie sich, und verabschieden Sie sich mit Ihren eigenen Worten von den Wesenheiten. Lassen Sie alle Kerzen und Räucherungen vollständig abbrennen, und werfen Sie alle Ritualreste in ein fließendes Gewässer. Sehen Sie den hineingeworfenen Resten nicht nach, sondern drehen Sie sich sofort um, und gehen Sie sicher Ihres Weges. Auch beim Weggehen drehen Sie sich nicht mehr nach den davontreibenden Resten um. Seien Sie ganz gewiß, daß Ihre Feinde gebannt sind.

Schutzritual für die Waage

Hierfür benötigen Sie folgende Zutaten:
Eine weiße Altardecke, eine weiße Figurenkerze mit feuerfester Unterschale, sieben weiße Altarkerzen, einen Räucherkessel, gefüllt mit etwas Sand, ein Stück Räucherkohle, eine Schale für die Räuchermischung, ein Fläschchen Heiliges Wasser, ein weißes Stoffsäckchen, ein Fläschchen Schutzöl, einen etwa fünf Zentimeter großen schwarzen Turmalin, einen etwa zwei Zentimeter großen schwarzen Turmalin, ein Bild von sich selbst, einen Teelöffel getrockneten Salbei für das Säckchen, einen Zahnstocher, Zündhölzer, einen wasserfesten Filzschreiber sowie die Räuchermischung »Schutz-Waage«, die Sie selbst herstellen können. Nehmen Sie hierzu einen gestrichenen Teelöffel geschnittene Myrrhe, drei Teelöffel Olibanum, einen gestrichenen Teelöffel Wacholderbeeren, einen gestrichenen Teelöffel Beifuß, einen gestrichenen Teelöffel geschnittenen Salbei (nicht zu verwechseln mit dem Salbei für das Säckchen!), einen gestrichenen Teelöffel Johanniskraut und einen gestrichenen Teelöffel Lavendel. Wie man die Zutaten in einem Mörser verarbeitet und für Rituale aufbewahrt, wissen Sie ja bereits.

Ritualvorbereitung

Legen Sie die weiße Altardecke über Ihren Ritualtisch, und stellen Sie die mit dem Sand gefüllte Räucherschale in die Mitte. Auf den Sand legen Sie das Stück Räucherkohle. Das Fläschchen mit dem Heiligen Wasser plazieren Sie rechts vorne auf Ihrem Altar. Ritzen Sie nun mit dem Zahnstocher in die weiße Figurenkerze:

Ihren Namen und Ihr Geburtsdatum

sowie

das schützende Licht der Götter umgibt mich.

Plazieren Sie die Kerze hinter der Räucherschale. Stellen Sie nun die sieben weißen Kerzen quer in einer Reihe, das heißt von links nach rechts, hinter der Figurenkerze auf. Die Schale mit der Räuchermischung kommt rechts neben den Räucherkessel. Das Säckchen sowie den Salbei legen Sie vorne auf die linke Seite des Altars. Nehmen Sie nun Ihr Bild zur Hand und schreiben mit dem Filzschreiber auf die Bildrückseite:

Ihren Namen und Ihr Geburtsdatum.

Legen Sie es dann links zum Salbei. Jetzt legen Sie noch die beiden schwarzen Turmaline vor die Räucherschale. Betrachten Sie nochmals den gesamten

Altar, und lassen Sie ihn etwas auf sich wirken. Wenn soweit alles zu Ihrer Zufriedenheit gerichtet ist, können Sie sich selbst vorbereiten und reinigen, indem Sie das rituelle Bad vollziehen.

Das Ritual

Begeben Sie sich zu Ihrem Altar, während Sie ihn mit etwas Heiligem Wasser besprenkeln, sprechen Sie:

»Gereinigt, gesegnet und geschützt ist diese göttliche Stätte.«

Um sich selbst und Ihr Ritual zu schützen, sollten Sie zumindest den Schutz-Kreidekreis ziehen, wie ich es auf Seite 95 beschrieben habe. Sie können natürlich auch andere Schutzmaßnahmen ergreifen, wie z. B. die anrufenden Pentagramme ziehen, die Wächter der Elemente rufen oder einen sogenannten Magischen Kreis auslegen.
Entzünden Sie die Räucherkohle und legen Sie diese auf den Sand in der Räucherschale. Bis die Kohle richtig glüht, nehmen Sie die Figurenkerze, reiben sie ganz mit Schutzöl ein und stellen sie an ihren Platz zurück. Ihr Bild reiben Sie auch mit dem Öl ein und legen es zum Salbei zurück.
Wenn die Kohle richtig glüht, geben Sie etwas von der Räuchermischung darauf und sagen mit ausgebreiteten Armen:

»Ihr Wächter des Windes, des Wassers, des Feuers und der Erde ich, ... (sagen Sie Ihren Namen), rufe Euch zum Schutze dieses Rituals. Hört meinen Wunsch und öffnet weit Eure Pforten, um den Göttern Einlaß zu gewähren.«

Geben Sie wieder etwas Räucherung auf die Kohle, entzünden Sie anschließend die sieben weißen Kerzen. Wieder in Anrufungshaltung, Ihre Arme seitlich vom Körper weggestreckt, die Hände offen und die Handflächen nach oben zeigend, rufen Sie nun:

»Höre mich, Du mächtige Göttin, und eile herbei. Du, Aradia erscheine nun in meiner Mitte und lege Deinen schützenden Mantel um meinen Körper, um meinen Geist und um meine Seele.«

Geben Sie erneut etwas Räucherung auf die Kohle, entzünden Sie die weiße Figurenkerze, nehmen Sie wieder die Anrufungshaltung ein und rufen Sie:

»Karnayna, Du mächtiger Gott, erscheine hier bei mir und gewähre mir Deinen göttlichen Schutz.«

Wiederum geben Sie etwas Räuchermischung auf die Kohle. Nehmen Sie die zwei schwarzen Turmaline zur Hand. Halten Sie sie in den aufsteigenden Rauch und sagen Sie:

»Alle Macht der Götter nun in diese Steine. So sei es ab sofort.«

Legen Sie jetzt den großen Turmalin auf Ihren Altar zurück. Den kleinen Turmalin und den Salbei geben Sie in das Stoffsäckchen. Geben Sie wieder etwas Räuchermischung auf die Kohle, und halten Sie dann das Bild in den Rauch, wobei Sie sagen:

»Ich, ... (sagen Sie Ihren Namen), bin umgeben von heiligem Rauch, er schützt mich wie ein Schild.«

Geben Sie nun auch das Bild in das Säckchen, und verschnüren Sie es mit sieben Knoten. Bei jedem geschnürten Knoten sagen Sie:

»Dieser Talisman wirkt im Namen der mächtigen Götter. So sei es ab sofort.«

Legen Sie nun das Säckchen zurück auf den Altar, und sprechen Sie mit ausgebreiteten Armen:

»Hört, Ihr Götter, was ich wünsche, kein Leid kann mich treffen, Flüche und Lügen meiner Feinde erreichen mich nicht. So muß es sein nun ab sofort, weil ich unter Eurem mächtigen Schutze stehe.«

Geben Sie zum Schluß nochmals etwas Räucherung auf die Kohle, und lassen Sie alle Kerzen ganz abbrennen. Vergraben Sie am darauffolgenden Tag, jedoch vor Mitternacht, alle Ritualreste unter einem großen Stein. Den großen Turmalin stellen Sie in einem Raum auf, in dem Sie sich lange aufhalten. In der Regel wird das das Schlafzimmer sein, weil wir hier einige Stunden hintereinander unsere Ruhe finden. Das Säckchen aber soll ab sofort Ihr täglicher Begleiter sein. Versuchen Sie, es so oft wie möglich bei sich zu haben – in der Hand- oder Hosentasche, im Büroschreibtisch oder auch im Handschuhfach Ihres Autos. Achten Sie auf das Säckchen, verlieren Sie es nicht, und es wird Sie so beschützen, wie Sie es sich gewünscht haben.

Gesundheitsritual für die Waage

Für dieses Ritual benötigen Sie folgende Zutaten:
Eine weiße Figurenkerze mit Kerzenständer, zwei blaue Altarkerzen, jeweils mit Ständer, eine blaue Altardecke, getrocknete Blütenblätter von sieben blauen Rosen, eine Schale mit Salzwasser, eine feuerfeste Schale, mit etwas Sand gefüllt, ein Stück Räucherkohle, eine Schale für die Räuchermischung, ein Fläschchen Gesundheitsöl, Zündhölzer, einen Zahnstocher sowie die Räuchermischung »Gesundheit-Waage«, die Sie selbst herstellen können. Nehmen Sie hierzu einen gestrichenen Teelöffel Zimt, einen Teelöffel Kamille, zwei Teelöffel Sandelholz, einen gestrichenen Teelöffel Majoran, einen gestrichenen Teelöffel Amber und einen gestrichenen Teelöffel Melisse.
Wie immer sollten Sie die Zutaten etwas zerkleinern, am besten in einem Mörser. Geben Sie nach und nach alle Räucherzutaten hinein, und verarbei-

ten sie alles zu einer gut streubaren Mischung. Was von Ihrer fertigen Mischung übrigbleibt, können Sie in einem luftdichten Gefäß für ein weiteres Gesundheitsritual aufbewahren.

Ritualvorbereitung

Breiten Sie die Altardecke über Ihren Ritualtisch aus, und stellen Sie die beiden blauen Altarkerzen links und rechts oben auf Ihrem Altar auf. In die weiße Figurenkerze ritzen Sie mit dem Zahnstocher folgendes:

Ihren Namen und Ihr Geburtsdatum

sowie

Ihren Gesundheitswunsch.

Plazieren sie die Figurenkerze dann in der Mitte Ihres Altars. Die Schale mit dem Salzwasser stellen Sie rechts vorne auf, und die Räucherschale stellen Sie vor die Figurenkerze. Verteilen Sie nun die getrockneten blauen Rosenblütenblätter auf Ihrem Ritualtisch. Das Schüsselchen mit der Räuchermischung plazieren Sie rechts in der Nähe der Räucherschale. Legen Sie die Räucherkohle, Zündhölzer sowie die anderen Utensilien auch griffbereit zurecht. Begutachten Sie nochmals Ihren gesamten Altar. Wenn alles zu Ihrer Zufriedenheit gerichtet

ist, bereiten Sie sich nun selbst auf das bevorstehende Zeremoniell vor.
Wie immer begeben Sie sich hierfür zum rituellen Bad und vollziehen es so, wie ich es auf Seite 52 beschrieben habe. Wenn Sie sich ganz entspannt und wohl fühlen, steigen Sie aus der Wanne, trocknen sich ab und gehen dann entweder nackt oder in angenehme blaue Gewänder oder Tücher gewickelt zu Ihrem Ritualtisch.

Das Ritual

Da Sie jetzt selbst gereinigt sind, reinigen Sie auch Ihren Altar mit allen Gegenständen. Besprenkeln Sie den gesamten Altar mit etwas Salzwasser, und sprechen Sie dabei:

»Ich, ... (sagen Sie Ihren Namen), reinige hiermit meinen Ritualtisch für das Gesundheitsritual.«

Jetzt können Sie für sich und Ihr Ritual Schutzmaßnahmen treffen. Stellen Sie sich also vor Ihren Altar, und ziehen Sie mit der linken Hand je ein anrufendes Pentagramm in jede Himmelsrichtung. Die richtige Reihenfolge ist Osten, Süden, Westen, Norden. Ziehen Sie jetzt noch mit Ihrem ausgesteckten linken Arm im Uhrzeigersinn einen so großen Kreis um sich selbst, daß auch Ihr Altar mit eingeschlossen ist. Dabei visualisieren Sie, daß die von Ihnen gezogene Linie dort, wo sie den den Bo-

den berührt, zu einem großen, lodernden Feuerring wird, der für die Dauer des Rituals nichts Negatives an Sie herankommen läßt. Sie können natürlich auch andere Schutzmaßnahmen ergreifen, z. B. einen sogenannten Magischen Kreis auslegen oder zumindest den Schutz-Kreidekreis so ziehen, wie ich es auf Seite 95 beschrieben habe.
Nehmen Sie nun die weiße Figurenkerze zur Hand, und reiben Sie diese kräftig mit Gesundheitsöl ein. Stellen Sie sie sodann wieder in die Unterschale zurück. Zünden Sie nun die Räucherkohle an, warten Sie einen Moment, bis die Kohle richtig glüht, und geben Sie dann einen gestrichenen Teelöffel der Räuchermischung darauf. Zünden Sie auch die beiden blauen Altarkerzen an. Breiten Sie Ihre Arme seitlich aus, die Handflächen nach oben zeigend, und sagen Sie:

»Hört, Ihr Wächter, hört meine Rufe, eilt herbei und schützt dieses Ritual. Laßt die Göttin hindurch durch Eure Tore. So sei es.«

Geben Sie etwas Räuchermischung auf die glühende Kohle, und rufen Sie mit ausgebreiteten Armen:

»Diana, Du mächtige Göttin, hör mein Flehen und komm in meine Mitte.«

Halten Sie nun die Figurenkerze mit beiden Händen über die Räucherung und sagen Sie:

»Diana, sieh, dieses Geschöpf sei nun kein Wachs mehr, sondern Fleisch und Blut. Dieser menschliche Körper wird geplagt von ... (sagen Sie die Krankheit, von der Sie befreit werden möchten). Höre Diana, nimm hinweg das Leid von diesem Körper.«

Stellen Sie die Figurenkerze zurück auf den Altar. Überkreuzen Sie Ihre Arme vor der Brust zu einem Gebet. Visualisieren Sie mit geschlossenen Augen, wie Sie völlig gesund auf einer Wiese spazierengehen. Fühlen Sie deutlich, wie glücklich Sie sind, daß Sie Ihr Leiden nun besiegt haben. Öffnen Sie Ihre Augen, und zünden Sie auch die weiße Figurenkerze an. Geben Sie erneut etwas Räuchermischung auf die Kohle, und sprechen Sie mit ausgebreiteten Armen:

»Diana, vernimm meinen Wunsch. So wie das Wachs in der Flamme schmilzt, so schmilzt auch mein Leiden. Nichts außer Kraft, Vitalität und das Licht Deiner Liebe bleibt zurück. So sei es ab sofort in Deinem Namen und mit Deiner göttlichen Kraft.«

Lassen Sie die gesamte Atmosphäre des Rituals und die Anwesenheit der Göttin noch einige Zeit auf sich wirken. Mit dem Wissen, daß Sie erhört wurden bedanken Sie sich und verabschieden sich mit Ihren eigenen Worten von den Wächtern und der großen Göttin Diana. Lassen Sie nun alle Kerzen und Räucherungen vollständig abbrennen und vergraben Sie alle Ritualreste an einem Sonntag zur

Sonnenzeit (11.00 Uhr oder 18.00 Uhr) unter einem Baum Ihrer Wahl. Besuchen Sie den Baum, wann immer Sie möchten, und visualisieren Sie Ihre Gesundheit und Kraft.

Talisman für die Waage

Für Ihren persönlichen Talisman benötigen Sie: Eine blaue Tischdecke, die getrockneten Blütenblätter einer blauen Rose, Moschusöl, ein blaues Stoffsäckchen, ein Bild von sich selbst, eine weiße männliche Figurenkerze, wenn Sie ein Mann sind, eine weiße weibliche Figurenkerze, wenn Sie eine Frau sind, einen Zahnstocher, Zündhölzer, einen wasserfesten Filzschreiber, sieben Sandelholz-Räucherstäbchen, eine Schüssel mit Salzwasser, einen kleinen Turmalin-Edelstein, einen etwa 15 Zentimeter langen, blauen Faden und einen Teelöffel Lavendel.

Ritualvorbereitung

Breiten Sie die blaue Decke über Ihrem Tisch aus, und legen Sie den Turmalin in die Mitte. Die sieben Räucherstäbchen plazieren Sie rings um den Edelstein herum. Stellen Sie nun die Schüssel mit dem Salzwasser in die rechte untere Ecke Ihres Tisches. Mit dem Zahnstocher ritzen Sie nun folgendes in die Figurenkerze:

Ihren Namen, Ihr Geburtsdatum

sowie

den Wunsch, den Ihr Talisman erfüllen soll.

Anschließend reinigen Sie die Kerze, indem Sie sie mit etwas Salzwasser abreiben. Stellen Sie sie dann vor den Räucherstäbchenkreis. Die Rosenblätter beträufeln Sie mit sieben Tropfen Moschusöl und füllen sie mit dem Lavendel in das Stoffsäckchen. Legen Sie dieses rechts neben die Kerze. Nehmen Sie das Bild zur Hand und schreiben Sie mit dem Filzstift auf die Rückseite:

Ihren Namen und Ihr Geburtsdatum.

Legen Sie Ihr Bild links neben die Kerze. Den blauen Faden legen Sie auf Ihr Bild. Kontrollieren Sie jetzt noch, ob alles zu Ihrer Zufriedenheit gerichtet ist, vergessen Sie nicht, alle Utensilien griffbereit zu legen. Wenn alles in Ordnung ist, begeben Sie sich zum rituellen Bad.

Das Ritual

Nachdem Sie sich selbst gereinigt haben, müssen Sie auch den Altar und alle Ritualgegenstände reinigen. Sie tauchen die Fingerspitzen in das Salzwasser, besprenkeln den gesamten Altar und sagen:

»Gereinigt und gesegnet sei diese Stätte im Namen der Götter. So sei es.«

Stellen Sie sich vor Ihren Ritualtisch und ziehen Sie mit der linken Hand einen Kreis um Ihren Tisch, gleichzeitig visualisieren Sie, daß dort, wo Sie gerade ziehen, ein roter Schutzkreis entsteht. Wenn Sie den Kreis geschlossen haben, dürfen Sie ihn natürlich nicht mehr verlassen. Jetzt ziehen Sie, ebenfalls mit der linken Hand, in alle vier Himmelsrichtungen ein anrufendes Pentagramm. Die Reihenfolge der Himmelsrichtungen ist Osten, Süden, Westen und Norden. Bei jedem Ziehen sprechen Sie:

»An diesem Siegel zerbricht alles Böse.«

Entzünden Sie nun die Räucherstäbchen und rufen Sie mit ausgebreiteten Armen:

»Herrscher des Feuers, ich, ... (sagen Sie Ihren Namen), rufe Dich, eile herbei und höre, was ich begehre.«

Zünden Sie nun auch die Kerze an und sagen Sie erneut mit ausgebreiteten Armen:

»Gib alle Kraft des Feuers in meinen Talisman, so sei es.«

Heben Sie anschließend den Turmalin über den aufsteigenden Rauch und sagen Sie:

»Herrscher des Feuers, sieh diesen Stein, alle Wünsche seien erfüllt. Starke positive Kraft sei nun in diesem Edelstein.«

Geben Sie nun den Turmalin in das blaue Stoffsäckchen und legen Sie Ihr Bild dazu. Verschnüren Sie das Säckchen mit dem blauen Faden so, daß Sie in die Fadenenden sieben Knoten knüpfen. Bei jedem geschnürten Knoten sagen Sie:

»So sei es ab sofort.«

Legen Sie anschließend das Säckchen wieder auf den Tisch und lassen Sie es liegen, bis die Kerze und die Räucherung völlig abgebrannt sind. Vergraben Sie alle Ritualreste unter einem Baum Ihrer Wahl. Das Säckchen tragen Sie nun immer bei sich, es wird Ihnen ein treuer Begleiter und guter Schutz gegen vielerlei negative Einflüsse sein. Wenn Sie sich einmal kraftlos fühlen, nehmen Sie einfach Ihr Säckchen in die Hand und visualisieren, daß positive Energie aus dem Turmalin im Stoffsäckchen in Ihre Hand und von dort in Ihren ganzen Körper strömt. Wenn Sie nach vielen Monaten – wenn Sie sehr im Streß sind, vielleicht schon nach ein bis zwei Monaten – bemerken, daß der Talisman Ihnen weniger oder keine Kraft mehr schenkt, sollten Sie ihn mit Dank unter einem blühenden Baum vergraben. Jetzt können Sie sich einen neuen Talisman weihen, der Ihnen wieder neuen Schutz gibt.

Teil VII
Notwendige Informationen für magisches Arbeiten

Zeittafel für magisches Arbeiten

In der Magie wird den Daten der Astrologie höchste Bedeutung beigemessen. Daher ist es wichtig zu wissen, an welchen Tagen welcher Planet regiert, damit man noch besseren Zugang zu den kosmischen Kräften bekommt. Natürlich ist es auch wichtig zu wissen, an welchen Tagen man die verschiedenen Gottheiten anrufen kann.

Sonntag
Wie der Name schon sagt, ist dieser Tag der Sonne vorbehalten. An diesem Tag können Sie Gesundheitsrituale, Dankesrituale und Schutzrituale zelebrieren.

Montag
An diesem Tag regiert der Mond. In Italien heißt der Montag »lunedi«. Übersetzt bedeutet das »Tag der Mondgöttin«. Sie können Liebesrituale, in denen die Mondgöttin Aradia angerufen wird, zelebrieren, aber ebenso jedes andere Ritual, in dem Sie Aradia um Hilfe bitten.

Dienstag
Dieser Tag ist dem Gott Mars zugeschrieben. Mars wurde in der Antike immer dann angerufen, wenn Kämpfe anstanden oder wenn man wichtige Entscheidungen zu treffen hatte.

Mittwoch
Dem Götterboten Merkur ist dieser Tag bestimmt. Er eignet sich für das Merkur-Ritual. Wenn Sie einen Prozeß, beruflichen Aufstieg oder eine Prüfung zu bestehen haben, sollten Sie auch an diesem Tag Kerzenrituale zelebrieren.

Donnerstag
Dieser Wochentag ist Jupiter geweiht. Im Germanischen entspricht dieser Thor, dem Donnergott. Daher stammt der Name für diesen Wochentag. Wir zelebrieren das Jupiterritual und alle Rituale für Erfolg, Geld und Finanzen, und zwar von Sonnenaufgang bis 23.00 Uhr. Ebenso können Sie donnerstags beginnen, Flüche und Schadenszauber abzuwehren. Dies allerdings dann in der Zeit von 00.00 Uhr bis eine Stunde vor Sonnenaufgang.

Freitag
An diesem Tag regiert die Venus. Es ist der Tag, an dem Sie Liebesrituale zelebrieren sollen, und zwar nach Sonnenaufgang und vor Mitternacht. Wenn Sie sich an die Stunden halten, in denen Venus regiert, können Sie nichts falsch machen.

Samstag
An diesem Tag regiert der Saturn. Dieser steht für Neuanfänge und für Reinigung. »Altes lassen und Neues beginnen« lautet seine Devise. Der Samstag eignet sich hervorragend für exorzistische Riten.

Wochentage mit Regentenstunden

Sonntags regiert:

Sonne:	01.00 Uhr, 08.00 Uhr, 15.00 Uhr, 22.00 Uhr
Venus:	02.00 Uhr, 09.00 Uhr, 16.00 Uhr, 23.00 Uhr
Merkur:	03.00 Uhr, 10.00 Uhr, 17.00 Uhr, 24.00 Uhr
Mond:	04.00 Uhr, 11.00 Uhr, 18.00 Uhr
Saturn:	05.00 Uhr, 12.00 Uhr, 19.00 Uhr
Jupiter:	06.00 Uhr, 13.00 Uhr, 20.00 Uhr
Mars:	07.00 Uhr, 14.00 Uhr, 21.00 Uhr

Montags regiert:

Sonne:	05.00 Uhr, 12.00 Uhr, 19.00 Uhr
Venus:	06.00 Uhr, 13.00 Uhr, 20.00 Uhr
Merkur:	00.00 Uhr, 07.00 Uhr, 14.00 Uhr, 21.00 Uhr
Mond:	01.00 Uhr, 08.00 Uhr, 15.00 Uhr, 22.00 Uhr
Saturn:	02.00 Uhr, 09.00 Uhr, 16.00 Uhr, 23.00 Uhr
Jupiter:	03.00 Uhr, 10.00 Uhr, 17.00 Uhr
Mars:	04.00 Uhr, 11.00 Uhr, 18.00 Uhr

Dienstags regiert:

Sonne:	02.00 Uhr, 09.00 Uhr, 16.00 Uhr, 23.00 Uhr
Venus:	03.00 Uhr, 10.00 Uhr, 17.00 Uhr
Merkur:	04.00 Uhr, 11.00 Uhr, 18.00 Uhr
Mond:	05.00 Uhr, 12.00 Uhr, 19.00 Uhr
Saturn:	06.00 Uhr, 13.00 Uhr, 20.00 Uhr
Jupiter:	00.00 Uhr, 07.00 Uhr, 14.00 Uhr, 21.00 Uhr
Mars:	01.00 Uhr, 08.00 Uhr, 15.00 Uhr, 22.00 Uhr

Mittwochs regiert:

Sonne:	06.00 Uhr, 13.00 Uhr, 20.00 Uhr
Venus:	00.00 Uhr, 07.00 Uhr, 14.00 Uhr, 21.00 Uhr
Merkur:	01.00 Uhr, 08.00 Uhr, 15.00 Uhr, 22.00 Uhr
Mond:	02.00 Uhr, 09.00 Uhr, 16.00 Uhr, 23.00 Uhr
Saturn:	03.00 Uhr, 10.00 Uhr, 17.00 Uhr
Jupiter:	04.00 Uhr, 11.00 Uhr, 18.00 Uhr
Mars:	05.00 Uhr, 12.00 Uhr, 19.00 Uhr

Donnerstags regiert:

Sonne:	03.00 Uhr, 10.00 Uhr, 17.00 Uhr
Venus:	04.00 Uhr, 11.00 Uhr, 18.00 Uhr
Merkur:	05.00 Uhr, 12.00 Uhr, 19.00 Uhr
Mond:	06.00 Uhr, 13.00 Uhr, 20.00 Uhr
Saturn:	00.00 Uhr, 07.00 Uhr, 14.00 Uhr, 21.00 Uhr
Jupiter:	01.00 Uhr, 08.00 Uhr, 15.00 Uhr, 22.00 Uhr
Mars:	02.00 Uhr, 09.00 Uhr, 16.00 Uhr, 23.00 Uhr

Freitags regiert:

Sonne:	00.00 Uhr, 07.00 Uhr, 14.00 Uhr, 21.00 Uhr
Venus:	01.00 Uhr, 08.00 Uhr, 15.00 Uhr, 22.00 Uhr
Merkur:	02.00 Uhr, 09.00 Uhr, 16.00 Uhr, 23.00 Uhr
Mond:	03.00 Uhr, 10.00 Uhr, 17.00 Uhr
Saturn:	04.00 Uhr, 11.00 Uhr, 18.00 Uhr
Jupiter:	05.00 Uhr, 12.00 Uhr, 19.00 Uhr
Mars:	06.00 Uhr, 13.00 Uhr, 20.00 Uhr

Samstags regiert:

Sonne:	04.00 Uhr, 11.00 Uhr, 18.00 Uhr
Venus:	05.00 Uhr, 12.00 Uhr, 19.00 Uhr
Merkur:	06.00 Uhr, 13.00 Uhr, 20.00 Uhr
Mond:	00.00 Uhr, 07.00 Uhr, 14.00 Uhr, 21.00 Uhr
Saturn:	01.00 Uhr, 08.00 Uhr, 15.00 Uhr, 22.00 Uhr
Jupiter:	02.00 Uhr, 09.00 Uhr, 16.00 Uhr, 23.00 Uhr
Mars:	03.00 Uhr, 10.00 Uhr, 17.00 Uhr

Diese Zeiten sind nach der mitteleuropäischen Zeit ausgerechnet und bestimmt worden. Beachten Sie bitte, daß sich die Zeiten während der Sommerzeit um eine Stunde ändern.
Hier ein Beispiel: Freitags: Venuszeit, statt 15.00 Uhr = 16.00 Uhr Sommerzeit.

Der Schutz-Kreidekreis

Für Ihren Schutzkreis benötigen Sie Magische Kreide, die Sie selbst herstellen können. Besorgen Sie normale weiße Kreide und Meersalz. Acht Nächte vor Vollmondin geben Sie etwas Meersalz in eine Schale und legen die Kreide darauf. Die Schale muß jetzt sieben Nächte ruhig so am Fenster stehen, daß die Mondin darauf scheint. In der siebten Nacht, eine Nacht vor Vollmondin, halten Sie die Kreide mit Ihrer linken Hand der Mondin entgegen und sagen:

»Sieh, große Mondin, ich, ... (sagen Sie Ihren Namen), weihe diese Kreide in Deinem Namen. So sei es.«

Ab sofort können Sie die Magische Kreide verwenden. Immer wenn Sie diese nicht brauchen, legen Sie sie in die Schale mit Meersalz. Das Ziehen eines Schutzkreises mit der Magischen Kreide ist eine gute Möglichkeit, sich selbst und sein Ritual vor negativen Einflüssen oder Wesenheiten zu schützen. Beim Ziehen des Schutzkreises müssen Sie zwei Dinge beachten. Wenn Sie mit der Kreide um Ihren Altar einen Kreis auf den Boden malen, lassen Sie so viel Abstand, daß Sie sich problemlos im Kreis um den Altar bewegen können, und achten Sie darauf, daß Sie sich immer im Kreis befinden. Bis zum Ritualende dürfen Sie ihn nicht mehr verlassen. Während Sie den Kreis ziehen, sagen Sie siebenmal:

»Kein Feind, kein Fluch durchdringt den Kreis, zum Schutz ich ziehe ihn in Weiß.«

Anrufende Pentagramme

Osten, anrufend
(Luftelement)

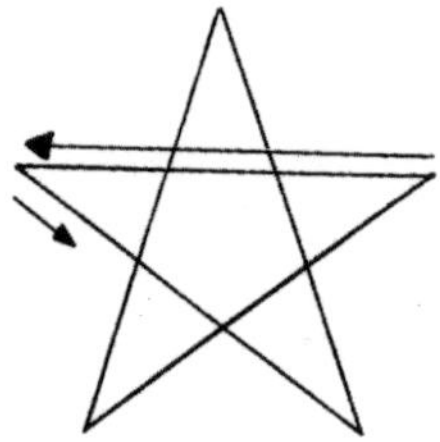

Süden, anrufend
(Feuerelement)

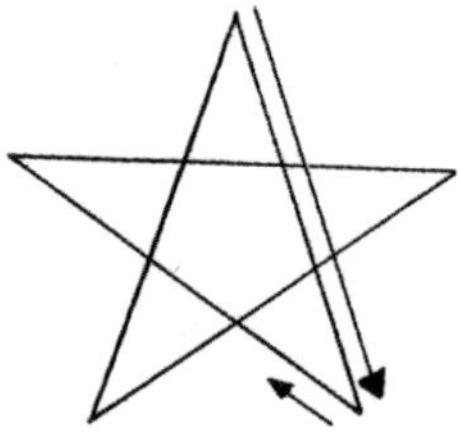

Westen, anrufend
(Wasserelement)

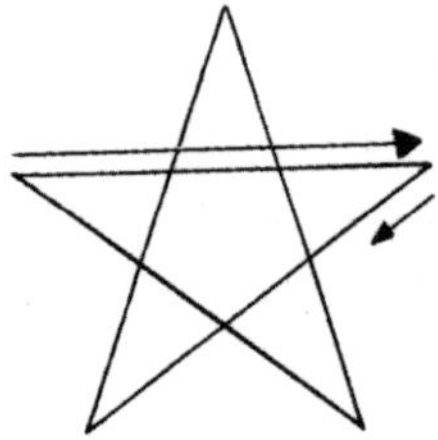

Norden, anrufend
(Erdelement)

Bannende Pentagramme

Osten, bannend
(Luftelement)

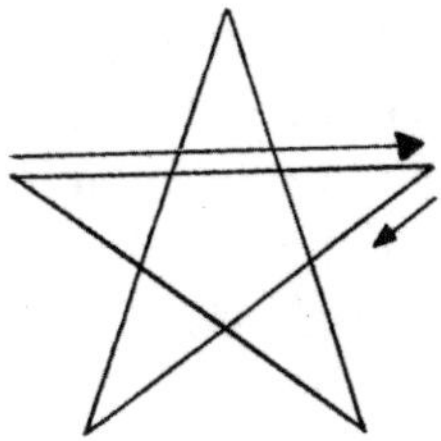

Süden, bannend
(Feuerelement)

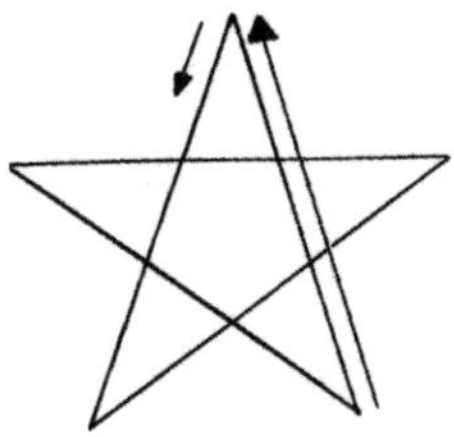

Westen, bannend
(Wasserelement)

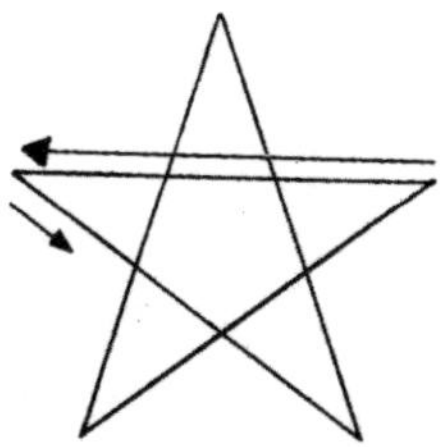

Norden, bannend
(Erdelement)

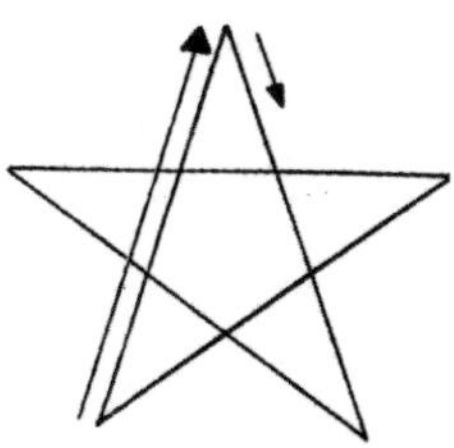

Auflösung von Seite 43

Liebe Leserin, lieber Leser,
sollten Sie beim ersten Durchblättern dieses Buches zufällig auf diese Seite stoßen, lesen Sie bitte den untenstehenden Text nicht. Lesen Sie zuerst den Anfang des Buches bis Seite 43 und führen Sie insbesondere die auf Seite 43 beschriebene »Teppich-Meditation« durch. Haben Sie das getan, drehen Sie nun das Buch um, und beginnen Sie, links oben zu lesen.

Diese Fragen sollen genügen, denn Sie verstehen jetzt sehr gut, daß mit jeder Frage und deren Beantwortung die Beschreibung Ihres Teppichs genauer und genauer wird. Je mehr Fragen Sie jetzt aufgrund der »Teppich-Meditation« spontan beantworten konnten, desto intensiver haben Sie über den Teppich nachgedacht und desto besser wären Sie in der Lage gewesen, in einem Ritual Ihr genau definiertes Ziel zu beschreiben – der Erfolg wäre sicherer. Weiter geht es nun wieder auf Seite 44.

Beginnen Sie hier:
Wenn Sie diesen Text lesen, haben Sie vermutlich vorher die »Teppich-Meditation« gemacht.
Die nachstehenden Fragen sollen Ihnen zeigen, ob Sie weit genug gedacht und sich von Ihrem Teppich ein ganz genaues Bild gemacht haben.

Welche Farbe hat der Teppich? Hat er irgendwelche Muster? Welche Muster? Haben gleiche Muster auch gleiche Farben? In welchem Raum liegt Ihr Teppich? Was ist außer Ihnen noch auf dem Teppich gewesen? Menschen, Möbel oder Tiere, und wo waren diese? Ganz oder nur halb auf dem Teppich? Haben Sie gesehen, wie weit Ihr Teppich reicht? Bis zu den Zimmerwänden? Oder bedeckt er nur einen Teil des Fußbodens? Ist er mit Randleisten versehen oder eingekettelt? Haben Sie diesen Teppich allein ausgesucht und gekauft? Mußten Sie einige Zeit sparen, um ihn sich leisten zu können? Wie haben Sie ihn vom Laden nach Hause gebracht? Oder wurde er geliefert? Haben Sie ihn selbst verlegt oder überließen Sie das Handwerkern oder Freunden, die helfen wollten? Wußten Sie vielleicht wieder, wie Sie sich gefreut haben, als er endlich im Zimmer lag?

Schlusswort

Ich hoffe, daß ich Ihnen, liebe Leserinnen und Leser, mit diesem Magiebuch für Ihr persönliches Sternzeichen einen kleinen Einblick in die umfangreichen Zusammenhänge der verschiedensten Themen von Astrologie und Magie geben konnte. Sie haben mit den Meditationen und Ritualen Einblick in die Weiße Magie, die ich praktiziere, erhalten. Es freut mich auch, wenn Ihnen dieses Buch eine Hilfe ist, selbst in die Welt der Weißen Magie einzusteigen oder Ihr Wissen zu erweitern, und wenn es Ihnen als Leitfaden dient, um das eine oder andere Ritual zu zelebrieren.

Natürlich können Sie alle gesprochenen Worte, die in den Ritualen vorkommen, Ihren persönlichen Bedürfnissen gemäß verändern oder erweitern. Der ursprüngliche Sinn sollte jedoch erhalten bleiben. Nicht verändern sollten Sie allerdings die Zutaten und die angegebenen Zeiten, da diese alle auf ein bestimmtes Ziel oder eine bestimmte Wirkung abgestimmt sind.

Sollten Sie weiterreichendes Interesse an weißmagischen Ritualen haben, möchte ich Ihnen an dieser Stelle meine Bücher empfehlen:

Die Weiße Magie der Hexe Theresia
ISBN 3-8138-0496-8

Das große Ritualbuch der Weißen Hexe Theresia
ISBN 3-8138-0510-7

Das Magische Jahr der Weißen Hexe Theresia
ISBN 3-8138-0497-6

Die Weiße Magie des Widders	ISBN 3-8138-0511-5
Die Weiße Magie des Stiers	ISBN 3-8138-0512-3
Die Weiße Magie der Zwillinge	ISBN 3-8138-0513-1
Die Weiße Magie des Krebses	ISBN 3-8138-0514-X
Die Weiße Magie des Löwen	ISBN 3-8138-0515-8
Die Weiße Magie der Jungfrau	ISBN 3-8138-0516-6
Die Weiße Magie der Waage	ISBN 3-8138-0517-4
Die Weiße Magie des Skorpions	ISBN 3-8138-0518-2
Die Weiße Magie des Schützen	ISBN 3-8138-0519-0
Die Weiße Magie des Steinbocks	ISBN 3-8138-0520-4
Die Weiße Magie des Wassermanns	ISBN 3-8138-0521-2
Die Weiße Magie der Fische	ISBN 3-8138-0522-0

Alle sind ebenfalls im Verlag Peter Erd erschienen. Wenn Sie Fragen haben oder diverses Ritualzubehör und Talismane oder Amulette bestellen möchten, schicken Sie mir Ihren Brief an die nachstehende **Bestelladresse**:

Theresia Baschek
Postfach 1133
21706 Drochtersen
Telefon: (04775) 89 12 54
E-Mail: HexeTheresia@t-online.de
Internet: www.hexe-theresia.de

Ich wünsche Ihnen, daß das, was Sie sich bei Ihren Ritualen erbitten, in Erfüllung geht.

Blessed Be!
Ihre Hexe Theresia

Bran O. Hodapp/Iris Rinkenbach

Weiße Naturmagie

- **Entdecken Sie das magische Wissen der Kelten und Germanen**
- **Praktische Anleitung zur Nutzung der naturmagischen Kräfte**
- **Heilung und Schutz durch Anrufung keltischer Götter u.v.m.**

Kartoniert
14 x 20,5 cm
160 Seiten
ISBN 3-8138-0485-2

Bücher aus dem Peter-Erd-Programm finden Sie im Buchhandel. Fordern Sie das kostenlose Gesamtverzeichnis an:
Verlag Peter Erd
Gaißacher Str. 18
81371 München
Tel. (089) 7 25 30 04
Fax (089) 7 25 01 41

Tauchen Sie ein in die geheimnisumwitterte magische Welt unserer keltischen Vorfahren! Dieses Buch verrät Ihnen die Lage alter, machtvoller Kraftplätze. Sie werden eingewiesen in das Wissen um Erdheilungs- und Wetterrituale und die Herstellung von Kraft- und Heilelixieren. Verschaffen Sie sich Zugang in das Reich Merlins, der Naturgeister und Wesenheiten, die Ihre Helfer werden.